Inhalt

1. Ausgangssituation

Seit Jahrtausenden hat es viele Voraussagen für zukünftige Ereignisse und Entwicklungen gegeben. Diese bezogen sich auf Vorgänge und Abläufe, die für Einzelpersonen, kleinere und größere Gruppen, Völker, Regionen oder auch für ganze Erdteile von Bedeutung waren. Die Treffsicherheit aller Prognosen war stets dadurch in Frage gestellt, dass nie sicher war, wie oder ob unvorhergesehene Ereignisse den zukünftigen Ablauf beeinflussen oder sogar entscheidend verändern.

Entsprechend scheint gegenwärtig zunächst eine zuverlässige Aussage über das weitere Schicksal der Menschheit unmöglich.

Die vorliegende Untersuchung hat jedoch ergeben, dass jetzt in mehrfacher Hinsicht eine grundsätzlich neuartige Situation eingetreten ist: Besonders in den letzten hundert Jahren gab es zahlreiche – schon weitgehend abgeschlossene – Vorgänge, aus denen sich zwangsläufig eine Beeinflussung und teilweise bereits eine Festlegung der zukünftigen Entwicklung ergibt.

Zunehmend verbreitet sich die Einsicht, dass große – für die Menschen bedeutsame – Änderungen eingetreten sind. Schwierigkeiten bereitet jedoch, die Auswirkungen zu erkennen. Zu Vieles wird als verlässliche Grundlage betrachtet, was bereits überholt und nicht mehr gültig ist.

Im Rahmen dieser Untersuchung werden diverse Komplexe im Zusammenhang mit der Gesamtentwicklung gesichtet und neu bewertet. Dafür war es notwendig, sehr viele Einzelheiten, die an sich bekannt sind, nochmals im Detail darzustellen. Dabei wurde deutlich, dass die gesamte

Menschheit in diesem Jahrhundert vor der größten Herausforderung ihrer Geschichte steht.

Inzwischen spüren und erkennen immer mehr Menschen, dass durch den Klimawandel eine neue und gewaltige Problematik entstanden ist, die sich sogar noch ausweitet, und versuchen – im Rahmen ihrer begrenzten Möglichkeiten – dagegen anzukämpfen.

Dies kann durchaus einen nützlichen Beitrag zur Begrenzung der schädlichen Auswirkungen leisten. Jedoch für eine wirksame und umfassende Beherrschung der Problematik sind zahlreiche wesentlich weitreichendere Maßnahmen erforderlich.

2. Wissen

Jeder Mensch hat seinen persönlichen Wissensstand, der durch zahlreiche Faktoren bestimmt und entstanden ist. Neben dem unmittelbaren eigenen Erleben und der Ausbildung gehören dazu in ständig wachsendem Umfang Informationen, die nicht von Menschen seiner Umgebung stammen, sondern aus Veröffentlichungen, Schrifttum, Fernsehen, Rundfunk, Zeitungen und den unterschiedlichen Quellen übernommen werden.

Durch die sich ständig ausweitende internationale Vernetzung der Informationssysteme gleicht sich der Stand des persönlichen Wissens immer weiter an. Trotzdem gibt es weiterhin große Unterschiede, die wohl auch in Zukunft nicht verschwinden werden. Die globale Verbreitung des Wissens schreitet jedoch trotz immenser Widerstände unaufhaltsam voran. Dies wurde durch einen Vorgang besonders deutlich:

Im 2. Weltkrieg hatte nur ein Staat Atombomben entwickelt. Dann wurden zwei derartige Sprengkörper auf Städte der feindlichen Macht abgeworfen. Die sofortige Wirkung und die Folgen waren im Vergleich zum Einsatz vorheriger, konventioneller Bomben mit einer hunderttausendfachen Anzahl von Toten und Schwerverletzten wahrhaft entsetzlich. Gleichzeitig wurden dabei zahlreiche internationale Verträge (unter anderem zum Schutz der Zivilbevölkerung, „Rotes Kreuz") nicht beachtet. Der Krieg war dadurch allerdings kurzfristig beendet.

Der Besitz von Atombomben verschaffte eine bis dahin unbekannte, weltweit wirksame Machtfülle. Deshalb war erklärlich, dass mit allen Mitteln unter Einbeziehung der militärischen Übermacht versucht wurde, das Monopol des Atombombenbesitzes zu bewahren.

Dieser Versuch scheiterte bekanntlich. Inzwischen verfügt eine Reihe Staaten über derartige Waffen. Weitere haben jetzt schon den Kenntnisstand, jedoch bewusst auf solche Entwicklungen verzichtet.

Sobald dies erkannt wurde, konzentrierten sich die Überlegungen darauf zu verhindern, dass die Atomsprengkörper von möglichen Angreifern zu den anvisierten Einsatzorten gebracht werden. Da sie vergleichsweise groß und schwer sind, erschien diese Aufgabenstellung nach erstem Anschein lösbar.

Für den Transport kommen zurzeit in Betracht: 1. Kraftfahrzeuge, 2. Schiffe, 3. Flugzeuge und 4. Raketen.

Kraftfahrzeuge und Schiffe sind nur begrenzt einsetzbar und gut zu kontrollieren. Flugzeuge und Raketen hingegen sind durch unmittelbare Überprüfungen nur unvollständig erfassbar.

Die Bemühungen verlegten sich deshalb darauf, Systeme zu entwickeln, die gefährliche Objekte vor Erreichen des Zieles vernichten. Doch auch die Angreifer verbessern ihre Waffen weiter, um die Verteidigungsstrategien zu überwinden und auszuschalten. Das Wissen auf diesem Gebiet globalisiert ebenfalls, sodass in Zukunft ein sicherer Schutz für kein Objekt mehr möglich sein wird.

Die vorstehenden Betrachtungen bezogen sich im Wesentlichen auf Waffensysteme mit Sprengkörpern. Eine ähnliche, aber noch viel gefährlichere Entwicklung zeichnet sich bei chemischen und biologischen Waffen ab, da diese weder bei den Transporten noch sonst kaum kontrolliert werden können.

Durch die Globalisierung des Wissens ist für die gesamte

Menschheit eine völlig neuartige Situation entstanden, die zu neuen Aussagen zur Fragestellung dieser Untersuchung führt – was in der weiteren Betrachtung erörtert wird.

Von Anbeginn an hat das Wissen den Menschen geholfen, die Herausforderungen und Schwierigkeiten des Lebensablaufes zu überwinden und für das eigene Dasein „optimale Bedingungen" zu schaffen.

Die gegenwärtigen, sehr ausgeweiteten Bemühungen, neues Wissen zu erforschen und zu schaffen, sind zum Teil noch auf diese ursprüngliche Zielsetzung ausgerichtet. Dies gilt vor allem für Forschungen im medizinischen Bereich. Hierzu gehören die Untersuchungen der Krankheiten, ihrer Ursachen und Heilungsmöglichkeiten. Die auf diesem Gebiet erzielten Fortschritte sind sehr beachtlich und den Einzelmenschen zugute gekommen. Gesundheitliche Einschränkungen wurden behoben, Schmerzen vermieden oder gelindert und für viele Menschen ein längeres Leben ermöglicht. Hierzu sind mit Sicherheit in Zukunft weitere Erkenntnisse zu erwarten.

In zunehmendem Maße haben sich vor allem in den letzten hundert Jahren Forschungen und das neu erworbene Wissen von den alten Zielsetzungen immer weiter entfernt. Auch dies ist eine neue Entwicklung, welche die gesamte Menschheit betrifft und deshalb im Rahmen dieser Untersuchung im Folgenden noch diskutiert wird.

Die Globalisierung des Wissens hat jedenfalls zu einer enormen Ausweitung des Informationsstandes bei immer mehr Menschen geführt, die dann auf der Grundlage ihres bisherigen Wissens – unter Ausschöpfung der persönlichen Fähigkeiten – weitere Erkenntnisse zum allgemein zur Verfügung stehenden Wissen beigetragen haben.

Bei einer ersten Betrachtung scheint die Entwicklung fast

nur positive Auswirkungen zu haben. Diese Bewertung hält jedoch einer weiteren Nachprüfung nicht stand.

Unverhältnismäßig ausgeweitet hat sich der Umfang des

„Falschen Wissens".

Menschliches Wissen ist grundsätzlich durch die menschliche Erkenntnisfähigkeit begrenzt. Dies führt dazu, dass häufig sogar als „absolut" erkannte „Wahrheiten" angepasst und geändert werden mussten: Beispielsweise galt über lange Zeit als uneingeschränkt gültig, dass der irdische Lebensraum eine Scheibe ist. Andere Vorstellungen wurden zunächst stark unterdrückt und die Verfechter der neuen Anschauungen – die Erde sei kugelförmig – mit harten Strafen bedroht.

In vielen Fällen gehörten „einfachere Berichtigungen" zum normalen Leben und wurden nicht als unnötig oder schädlich empfunden.

„Falsches Wissen" wurde immer schon aus ganz unterschiedlichen Motiven erzeugt und verbreitet. Derartige Vorgänge haben im Rahmen der Globalisierung stark zugenommen, wobei zwangsläufig die Auswirkungen teilweise sehr weit reichen.

Jedes Wissensgebiet umfasst eine Vielzahl von Einzelheiten – wobei es immer schwieriger wird, den Wahrheitsgehalt zu überprüfen und sachgerecht einzuordnen.

Die Verbreitung von Nachrichten über aktuelle Ereignisse unterliegt besonderen Gesetzmäßigkeiten: Es gibt parallel sehr viele Organisationen, die miteinander wetteifern, möglichst schnell und zuerst über Geschehnisse zu berichten. Da ist zunächst sehr wenig Zeit, Nachrichten und

Aussagen zu überprüfen und Details zu ermitteln. Die Folge ist, dass erste Berichte häufig sogar in wesentlichen Inhalten falsch sind – sie haben zunächst bestenfalls einen gewissen Unterhaltungswert. Je nach Bedeutung der Themen wird dann tage–, wochen– oder jahrelang nachgebessert.

Diesem wenig fruchtbaren und zeitraubenden Vorgang kann der Betrachter oft nur dadurch entgehen, dass er zunächst abwartet, bis die Klärung fortgeschritten und ein qualifiziertes Stadium erreicht ist - was jedoch häufig nur schwer oder auch gar nicht zu erkennen ist.

Eindrucksvolles Beispiel war die Berichterstattung über das schlimme See- und Landbeben „Tsunami" in Südostasien im Dezember 2004: In ersten Meldungen wurde von etwa tausend Todesopfern berichtet. Diese Zahl steigerte sich dann sehr schnell – über zehntausend, fünfzigtausend – bis auf maximal vierhunderttausend, um sich dann Angaben um zweihunderttausend Todesopfern anzunähern. Die genaue Anzahl kann wohl überhaupt nicht ermittelt werden.

Informationen zu manipulieren ist relativ einfach – indem einzelne Details hervorgehoben, verändert oder wichtige Zusätze weggelassen werden. Hierbei spielen häufig wirtschaftliche oder politische Motive eine Rolle.

Der Herausgeber und die Mitarbeiter einer Zeitung sind aus wirtschaftlichen Gründen daran interessiert, dass möglichst viele Zeitungen verkauft werden können. Jedes Druckerzeugnis ist auf eine bestimmte Zielgruppe ausgerichtet. Dies beeinflusst die Auswahl der Nachrichten sowie Umfang und Gestaltung der Artikel. Außerdem werden wichtige Details unterschiedlich formuliert oder weggelassen. Dieses Vorgehen kann sehr leicht erkannt werden, wenn Nachrichten über das gleiche Ereignis in Zeitungen mit unterschiedlichen Herausgebern und Leserkreisen verglichen werden.

Ähnliche Gesetzmäßigkeiten gelten für alle Medien, die Nachrichten verbreiten: Die Beeinflussung beginnt häufig bereits am Ursprung der Informationen, begründet durch politische Strukturen und Interessen.

Die intensive internationale Vernetzung führt dazu, dass auch falsche Inhalte schnell weiträumig verbreitet werden. Wenn auf diese Weise Menschen von zahlreichen Seiten die gleichen Informationen erhalten, werden diese sehr leicht und fast zwangsläufig als wahr übernommen. So ist es möglich, weltweit Meinungen zu manipulieren und sehr viele Menschen wirksam zur Verfolgung bestimmter Ziele und Interessen zu gewinnen und zu benutzen.

Einen breiten Raum nehmen solche Vorgänge insbesondere bei kriegerischen Auseinandersetzungen ein. Jede Seite ist sehr bemüht, die eigenen Motive, Aktivitäten und Kämpfenden möglichst positiv und lobenswert darzustellen. Über den Gegner wird in aller Regel fast nur Negatives berichtet – solche einseitigen Darstellungen können alltäglich beobachtet werden.

Sogar im allgemein von den Menschen als sehr wichtig angesehenen medizinischen Bereich spielen häufig wirtschaftliche Motive bei der Verbreitung falscher Informationen eine dominierende Rolle. Beispielsweise wird oft mit großem finanziellem Aufwand für ein neues Medikament geworben, auch wenn die damit verknüpften negativen Auswirkungen und Risiken nur unvollständig erforscht sind. Die dargestellten Eigenschaften erweisen sich dann später als nicht ausreichende Teilinformationen oder sogar wesentlich falsch. Ein besonders übles und drastisches Beispiel war das Medikament „Contergan", nach dessen Einnahme Frauen Kinder geboren haben, bei denen wichtige Gliedmaßen in den Armen und Beinen fehlten.

Im medizinischen Umfeld können negative Auswirkungen für den Patienten oft außerordentlich schwer erkannt werden. Trotz umfangreicher Voruntersuchungen und Tierversuche ergibt sich letztlich nur durch die Anwendung beim Menschen selbst ein Hinweis auf Wirkungsweise und Nützlichkeit. Auch dies gilt jedoch mit Einschränkungen, weil die Behandlung bei einzelnen Personen unterschiedlich wirkt. Deutlich zeigen dies auch die zahlreichen Hinweise auf den Beipackzetteln der Medikamente. Grundsätzlich bleibt bei der Verwendung jedweder Art von Arzneien ein Restrisiko.

3. Gesetzmäßigkeiten der Entwicklung des Lebens auf der Erde

Die Entstehung des Lebens auf der Erde wird dem religiösen Bereich oder anderen Weltanschauungen zugeordnet. Versuche, mit menschlichen naturwissenschaftlichen Methoden dieses Geheimnis zu lösen, haben bisher sehr wenig Erfolg gehabt – wobei erste Ansätze mehr neue Fragen aufgeworfen als gelöst haben. Diese Problematik liegt anscheinend außerhalb des vom menschlichen Verstand zu Erforschenden und Erfassenden.

Das Leben entwickelte sich in für unsere Maßstäbe unendlich langen Zeiträumen zu einer immer wieder neuartigen und äußerst umfangreichen Vielfalt im Wasser, auf dem Land und im Luftraum unseres Planeten. Die Entwicklung folgte dabei bestimmten Gesetzmäßigkeiten, die teilweise auch in menschlichen Forschungen erfasst werden konnten.

Für die vorliegende Untersuchung hat das besondere Bedeutung, weil durch die Gesetzmäßigkeiten der Entwicklung der heutige Mensch geprägt ist. Dies betrifft vor allem die Vielzahl von Abhängigkeiten des menschlichen Lebens von der irdischen Umwelt. Außerdem werden dadurch auch die zukünftigen Möglichkeiten der Menschheit stark eingegrenzt.

An einigen Beispielen werden Gesetzmäßigkeiten der Lebensabläufe und daraus resultierende Einflüsse auf die Entwicklung betrachtet.

Als erstes werden die Gegebenheiten im verhältnismäßig „einfachen" Leben auf der Erdoberfläche am Beispiel einjähriger Pflanzen untersucht, die durch Samen die nächste

Generation hervorbringen. Danach werden die wesentlich komplizierteren Zusammenhänge im tierischen und zuletzt im menschlichen Bereich beleuchtet.

Hauptmerkmale des pflanzlichen Lebens sind das Wachstum und die Ausbreitung.

Wichtige Voraussetzungen für das Wachstum einer Pflanze sind die für ihren Aufbau erforderlichen Stoffe: Wasser – auch als Transport– und Reaktionsvermittler –, Luft, Licht sowie Wärme als Energiebasis und ausreichender Platz zur räumlichen Entfaltung. Sie wächst und bringt durch sehr unterschiedliche und komplizierte Verfahren mit Samen oder Ablegern neue Pflanzen hervor.

Die notwendigen Voraussetzungen sind auf unserer Erde örtlich nur in begrenztem Umfang verfügbar. Daraus ergibt sich zwangsläufig, dass eine Pflanze in ihrem Wachstum an Grenzen stößt, wo bereits andere den Raum, die notwendigen Stoffe, Wasser und Energie nutzen.

Dies führt zu einem Verdrängungsvorgang, einer Art „Kampf" um den notwendigen Lebensbedarf: Was schneller wächst, erreicht besser das Licht und kann anderen die benötigten Stoffe wegnehmen.

In dem betrachteten Wachstumsjahr entwickeln sich die Pflanzen mit ihren Samen am günstigsten, die besser als die gleichartigen mit den örtlichen Gegebenheiten, den allgemeinen Rahmenbedingungen auf der Erde und den Wetterverhältnissen in diesem Zeitraum zurechtkommen.

Daneben überstehen einige andere Samen, obwohl ihre Wachstumsbedingungen nicht so optimal waren. Im folgenden Jahr können durchaus aus diesem Kreis Pflanzen optimale Bedingungen vorfinden, wenn sich Faktoren für sie günstig entwickelt haben: Zum Beispiel Wetter, Boden oder Zusammensetzung der Luft haben sich verändert. Dies gilt auch für die im Vorjahr „starken" Pflanzen – die jedoch dann durchaus negativ beeinflusst werden können. Das Ausleseverfahren beginnt mit jedem Zyklus (hier: jedem Jahr) von neuem. Es gilt

GESETZMÄSSIGKEIT A: „DER KAMPF UMS ÜBERLEBEN".

Diese Gesetzmäßigkeit betrifft grundsätzlich jedwede Art von Leben: die verhältnismäßig „einfach" strukturierten Pflanzen, Tiere und letztlich auch die Menschen.

Das allein kann jedoch nicht die unermessliche Vielfalt auf unserer Erde erklären. Ergänzend dazu gibt es zusätzliche Entwicklungsmöglichkeiten.

Im Erbgut alles Lebendigen treten immer wieder Unregelmäßigkeiten auf, die häufig als „Missbildungen" abgewertet werden. Die weitaus meisten sind nicht lebensfähig – damit auch unfähig zur Fortpflanzung – und haben keine Zukunft.

Einzelne bestehen jedoch weiter und vermehren sich. Lebensfähige Erbgutänderungen finden meist in verhältnismäßig kleinen Schritten statt. Für jede Stufe einer Fortentwicklung ist wenigstens eine neue Generation notwendig – im Beispiel der einjährigen Pflanzen also ein Jahr. Aufeinander folgende Änderungen betreffen häufig sehr unterschiedliche Bereiche. Dadurch entstehen immer wieder neuartige Pflanzen, die sich dann zusehends von der ursprünglichen „Mutterpflanze" unterscheiden.

Viele Pflanzen haben längere Generationszeiten: Beispielsweise benötigen hoch wachsende Bäume in der Regel vom Keimen bis zur Erzeugung der ersten Samen mehrere Jahre. Hingegen gibt es bei einfachen oder einzelligen Pflanzen auch kürzere Generationszeiten.

Für die Entwicklung wesentlich andersartiger Pflanzen sind sehr viele Erbgutänderungen erforderlich. Da für jede einzelne Mutation zumindest eine Generation benötigt wird, ergibt sich ein für unsere Maßstäbe hoher Zeitbedarf von Jahrtausenden oder sogar Jahrmillionen. Nach dem bisherigen Kenntnisstand hat die Entwicklung auf der Erde bis zur Erreichung der heutigen Struktur des Lebens diese Zeit auch gehabt.

Für die Weiterentwicklung des tierischen Lebens gelten ähnliche Gesetzmäßigkeiten, wobei die Vorgänge naturgemäß wesentlich komplizierter und unter zusätzlichen Einflüssen ablaufen.

Die Erbgutänderungen haben die unermessliche Vielfalt des Lebens ermöglicht, die wir auf unserem Planeten vorfinden. Dies war und ist ein unverzichtbarer Faktor für die Weiterentwicklung des Lebens, die auch heute noch nicht abgeschlossen ist und ständig fortschreitet.

GESETZMÄSSIGKEIT B: ERBGUTÄNDERUNGEN ERMÖGLICHEN FORTENTWICKLUNG.

Für die Entwicklung des Lebens war auch eine fortwährende Anpassung an die Lebensbedingungen auf unserem Planeten „Erde" erforderlich.

Im Laufe der langen Entwicklungszeit gab es Rahmenbedingungen, die relativ stabil waren und sich nur unwesentlich verändert haben. Hierzu gehört beispielsweise die Erdanziehung, die für alles Leben besondere Bedeutung hat.

Eine wesentlich größere Schwerkraft hätte zwangsläufig bewirkt, dass die an Land wachsenden Pflanzen nur mit stabileren Strukturen in die Höhe wachsen könnten, was andere Arten hervorgebracht hätte.

Ähnliches gilt auch für Tiere und Menschen: Für das Aufrichten und die Fortbewegung wären nur tragfähigere Körper geeignet.

Inzwischen wurde dieser Einfluss schon bei den Anfängen der bemannten Raumfahrt sehr eindrucksvoll demonstriert: Beim Start der Raketen wirkt auf die Besatzung durch die starke Beschleunigung für relativ kurze Zeit eine erhöhte Schwerkraft. Dies genügt, die „Raumfahrer" völlig bewegungsunfähig werden zu lassen. Aktivität ist in diesem Zeitraum nicht mehr möglich. Als Erfolg ist schon anzusehen, dass die Passagiere sich nach dem Ende der Beschleunigung wieder bewegen können.

Die Erdanziehung war nach unserem heutigen Wissen sehr lange ein relativ konstanter Faktor – auch in absehbarer Zeit ist wohl nicht mit größeren Änderungen zu rechnen.

Eine weitere Konstante dürfte der Luftdruck sein: Durch das Wetter oder die Höhenlage auf der Erdoberfläche gibt es nur verhältnismäßig geringe Änderungen mit etwas vermindertem Druck auf den Bergen oder leicht erhöhtem Druck in Senken, dem „Toten Meer" bzw. in den Bergwerken. Diese Schwankungsbreite scheint jedoch das Leben nicht wesentlich zu behindern.

Für die Entwicklung des Lebens auf der Erde war eine Anpassung an eine Vielzahl weiterer Rahmenbedingungen erforderlich, hier sollen nur einige besonders wichtige aufgeführt werden:

— Bodenverhältnisse – Struktur und Zusammensetzung,
— Ausreichende Wassermengen in geeigneter Qualität,
— Beschaffenheit der Atmosphäre: Bestandteile – insbesondere Sauerstoffgehalt und Konzentration „giftiger" Gase,

- Wetter – und klimatische Bedingungen,
- Temperaturbereiche der Luft und des Bodens,
- Intensität und Wellenlängen der Sonneneinstrahlung,
- Dauer und zeitlicher Abstand der Jahreszeiten,
- Tag- und Nachtrhythmus,
- Wechselseitige Einwirkungen zwischen Pflanzen, Tieren und Menschen.

Nur das Leben war möglich, das sich allen diesen Bedingungen anpassen konnte.

GESETZMÄSSIGKEIT C: ANPASSUNG.

Dabei gab es natürlich eine Bandbreite in den zahlreichen unterschiedlichen Gebieten der Erde.

Der Fortbestand des Lebens ist davon abhängig, dass sich Umweltbedingungen nur allmählich ändern.

Wesentliche Änderungen hat es im Verlauf der erdgeschichtlichen Entwicklung auch bisher häufiger gegeben. Besonders eindrucksvoll war das durch einen größeren Einfluss ausgelöste völlige Aussterben der riesigen Dinosaurier und ähnlicher Tiere.

Sehr dramatisch sind die Auswirkungen, wenn erhebliche Änderungen „schnell" erfolgen, sodass keine Zeit ist, sich durch Erbgutänderungen der neuen Situation anzupassen. Sehr weit entwickelte Lebensformen haben dabei besondere Schwierigkeiten und sind in Gefahr, auszusterben.

Für tierisches Leben gibt es zusätzlich eine spezielle Abhängigkeit: Alle Tiere benötigen direkt oder indirekt pflanzliche Nahrung. Selbst Raubtiere, die sich ausschließlich von anderen Tieren ernähren, entgehen dadurch nicht der Abhängigkeit, weil die Beutetiere auch Pflanzen fressen.

Auf der Erde gibt es unermesslich viele verschiedenartige Vorgänge, die Verknüpfungen zwischen „toter Materie" und „Lebendigem" betreffen. Geeignete Voraussetzungen für Pflanzen und Tiere müssen ständig neu geschaffen sowie Abgestorbenes und Kot zersetzt und wieder aufbereitet werden.

Daraus folgt zwingend, dass die Entwicklung von Pflanzen und Tieren unter Berücksichtigung der Rahmenbedingungen „harmonisch" mit gegenseitiger Beeinflussung und „Abstimmung" erfolgen muss.

Das Gedeihen der Pflanzen wird durch sehr viele Faktoren bestimmt und beeinflusst. In den letzten Jahrzehnten haben sich an einigen Rahmenbedingungen zunehmend wichtige Änderungen ergeben, die in den folgenden Kapiteln noch näher untersucht werden:

1. Zusammensetzung der Atmosphäre
2. Klima und Wetter
3. Temperaturbereiche der Luft und des Bodens

4. Einwirkung der Tiere auf die Umwelt

Zunächst gelten für Tiere die gleichen Gesetzmäßigkeiten der Entwicklung, die im dritten Abschnitt erörtert worden sind – außerdem gilt: „Fressen und gefressen werden".

Pflanzliches Leben hat im Verhältnis zur Umwelt in der Regel eine mehr passive Rolle – Tiere haben darüber hinaus Fähigkeiten, die Umgebung umzugestalten sowie den persönlichen Erfordernissen und Wünschen anzupassen.

Hierzu ein paar Beispiele, die einen kleinen Eindruck von der Bandbreite der dadurch gegeben Möglichkeiten vermitteln:

Zahlreiche Tiere graben für sich und ihre Nachkommen Höhlen, die Schutz vor Feinden, niedrigen oder zu hohen Temperaturen bieten sowie zur Lagerung von Vorräten genutzt werden.

Vögel bauen Nester, um ihre Eier abzulegen, zu sammeln und auszubrüten. Anschließend dient das Nest als Aufenthaltsraum, auch bei der Fütterung der Nachkommen.

Diese Beispiele zeigen, dass Tiere die Umwelt verändern, um damit – an ihrem Lebensalter gemessen – auch längerfristige Zielsetzungen zu verfolgen. Später gehen die Nachkommen wieder in ähnlicher Weise vor.

Kleine Tiere haben allein oft nur sehr begrenzte Möglichkeiten, in ihrem Lebensraum etwas zu verändern. Dann hilft ein Zusammenschluss zu einer Gesellschaft: Gemeinsam können Ameisen „riesige" und gut strukturierte Wohngebäude – Ameisenhaufen – errichten.

Als besonders schwierige Probleme erscheinen dabei die Festlegung der Gebäudestruktur und die Organisation des Arbeitsablaufes. Außerdem erbringen die einzelnen Ameisen ganz unterschiedliche Leistungen: unter anderem Auswahl der geeigneten Baumaterialien, Transport zur Einbaustelle und Montage.

Auch größere Tiere schließen sich zu Gruppen mit einem Leittier zusammen – Fische zu Schwärmen, Zugvögel zu Formationen, Wölfe, Hirsche und Rehe zum Rudel, Pferde zu Herden.

Es könnten noch sehr viele Beispiele aufgezählt werden, in denen Tiere aktiv auf die Umwelt einwirken und dabei Vorteile für das eigene Leben erlangen. Dabei wirken sie ebenfalls aktiv an der Weiterentwicklung des Lebens auf der Erde mit.

Dies alles fügt sich in den natürlichen Ablauf des Geschehens ein.

Tiere haben lediglich einen begrenzten Einflussbereich – deshalb können sie das Leben auf der Erde nicht entscheidend verändern oder zerstören.

5. Der Mensch und die Energie

Für das Leben der Menschen gelten in vielen Bereichen ähnliche Gesetzmäßigkeiten wie für Tiere und Pflanzen, auch die Funktionen und Systeme des menschlichen Körpers sind denen der Tiere – insbesondere der Säugetiere – sehr ähnlich.

Im Hinblick auf das Thema dieser Untersuchung wird als besonderer Schwerpunkt auf energietechnische Fragen eingegangen.

Wie die Tiere gewinnen Menschen die benötigte Energie für die Fortbewegung und den „Betrieb" aller sonstigen Funktionen mittels der Nahrung durch körpereigene Systeme.

Diese menschliche Energieerzeugung ermöglichte schon durch den Zusammenschluss größerer Gruppen auch die Realisierung gewaltiger Objekte. Besonders eindrucksvolle Beispiele sind die Pyramiden in Ägypten und Mittelamerika.

Das bedeutet noch keinen grundsätzlichen Unterschied gegenüber der Tierwelt – ähnliche Leistungen vollbringen auch Ameisen- und Bienenvölker.

In Bezug auf die Energie gibt es jedoch bei der Entwicklung der Menschheit einen einzigartigen Unterschied: Die Menschen haben die „Macht über das Feuer" bekommen und gewonnen – kein anderes Lebewesen auf diesem Planeten kann Feuer entzünden, bewahren und verlöschen. Dadurch sind die Menschen deutlich in eine „höhere" Stufe herausgehoben.

Darüber hinaus gibt es in den Menschen sehr viele Besonderheiten: Geistes- und Gefühlsleben, religiöse Vorstellungen, Fragen nach Ursprung und Sinn des Lebens, Wertmaßstäbe und vieles mehr.

Dies ist jedoch nicht Gegenstand dieser Untersuchung, betrachtet wird im Folgenden das Verhältnis zwischen Menschen und Tieren.

Die Menschen gewannen im Laufe der Entwicklung immer größere Macht über eine wachsende Anzahl von Tieren. Die unterworfenen Tiere wurden zu vielfältigen Dienstleistungen herangezogen, wobei zu einigen von ihnen sogar eine Art „persönliches Verhältnis" entstand.

Die Aufgaben der Tiere umfassten ganz unterschiedliche Bereiche: Unterstützung bei der Jagd, Bewachung, Transporthilfe, Lieferung von Nahrung und Material für Kleidung, Unterstützung beim Kampf gegen andere Tiere sowie menschliche Feinde und vieles mehr.

Beteiligt sind dabei unterschiedliche Arten: Tauben, Katzen, Ziegen, Schafe, Hunde, Rinder, Pferde, Kamele, Elefanten …

Die Tiere erzeugen die für ihre Lebensvorgänge benötigte Energie mit ihren körpereigenen Systemen aus der Nahrung, die mittels der Sonneneinstrahlung gewachsen ist.

Menschen nutzen in der Folge diese Systeme der Tiere zur Deckung des Energiebedarfs für die Realisierung menschlicher Ziele.

Das Sonnenlicht ist der beherrschende Faktor für fast alle Vorgänge in der Atmosphäre unserer Erde. Die Nutzung der dabei entstehenden Kräfte durch Menschen hat eine lange Tradition – schon im Altertum wurde mit Windmühlen Getreide gemahlen und mit Segelschiffen auf dem Meer größere Entfernungen zurückgelegt.

Alle diese Vorgänge fügten sich ziemlich problemlos in die natürlichen Abläufe ein. Über eine für unsere Maßstäbe lange Zeit haben diese durch Menschen ausgelösten Einflüsse unser irdisches Lebenssystem nicht wesentlich geschädigt.

Eine neue Phase wurde durch die Nutzung des Feuers eingeleitet. Durch das Verbrennen von Holz und anderen Stoffen stand zusätzliche Energie ohne Hilfe von körpereigenen Systemen für menschliche Zielsetzungen zur Verfügung. Damit konnte geheizt und bekömmliche Nahrung zubereitet werden. Das Feuer wurde auch als Waffe gegen Tiere und menschliche Feinde eingesetzt.

Inzwischen verfolgt die Menschheit sehr viele und andersartige Ziele, die mit den Grundbedürfnissen teilweise nur noch wenig zu tun haben.

Menschen entwickelten zahlreiche Verfahren, um bestehende und auch neue Aufgaben besser meistern zu können. Dafür wurde zusätzliche Energie benötigt, die mit den bisher eingesetzten Methoden nicht ausreichend bereitgestellt werden konnte. Außerdem erreichte der Energiebedarf nicht nur schnell beachtliche Größe, sondern wächst auch noch rasant weiter.

Zur Deckung der Energielücke wurde bekanntlich auf irdische Bodenschätze zurückgegriffen und in großem Umfang Kohle, Erdöl und Erdgas abgebaut und verbrannt. Nur langsam verbreitete sich die Einsicht, dass diese Vorräte auf unserem Planeten begrenzt sind und ihre Ausbeutung deshalb nicht beliebig lange fortgesetzt werden kann. Bei weiterem Abbau im bisherigen Ausmaß ist die Erschöpfung schon absehbar.

Dabei scheint diese Problematik sogar nur eine untergeordnete Bedeutung zu haben, worauf in dieser Untersuchung in einem der folgenden Kapitel noch ausführlich eingegangen wird.

6. Klimaänderung, Fortgang und erste Auswirkungen

Bereits früher ist von mir in der Veröffentlichung

„WERDEN IN 200 JAHREN AUF DER ERDE NOCH MENSCHEN LEBEN"[1]

auf diese sehr bedrohliche und existenzielle Problematik hingewiesen worden.

Im Verlauf der erdgeschichtlichen Entwicklung gab es schon häufig „natürliche" Klimaänderungen aus den verschiedensten Gründen. Diese verliefen jedoch vergleichsweise langsam. Dadurch hatte die Natur auf der Erde ausreichend Zeit, durch Entwicklung und Anpassung unter den veränderten Bedingungen weiter zu bestehen.

Die jetzige Situation ist jedoch grundsätzlich anders. Der durch menschliche Aktivitäten ausgelöste Klimawandel erfolgt nicht nur wenig, sondern um ein Vielfaches schneller als frühere natürliche Vorgänge.

Viele Menschen wollten diese Entwicklung aufgrund ihres bisherigen Wissens zunächst nicht wahrhaben: „Schon immer hat es größere Wetteränderungen gegeben. Nach trockenen folgten feuchte Sommer und auf sehr kalte dann vergleichsweise milde Winter." Diese Erfahrungen werden auch für die Zukunft Bedeutung haben, weil weiterhin wechselhafte Wetterperioden zu erwarten sind.

---

[1] Frieling-Verlag Berlin, 1. Auflage 2006, Die großen Themen unserer Zeit, S. 189 ff

Diese Betrachtungsweise verkennt jedoch, dass irdisches Leben jetzt schon in einen wesentlich geänderten Bereich der Umweltbedingungen geraten ist. Zudem werden Geschwindigkeit und Ausmaß der Klimaänderung bisher sehr weit unterschätzt.

Eindeutig festgestellt wurde ein Anstieg der weltweit mittleren Lufttemperatur als Folge der reduzierten Wärmeabstrahlung unseres Planeten. Zwangsläufig erhöhten sich damit auch die Temperaturen des Erdreiches und der Oberflächengewässer. Dieser Anstieg wurde und wird jedoch zunächst noch gebremst durch den Wärmebedarf für das Schmelzen großer Eis- und Schneemassen an Nord- und Südpol, auf Grönland und den Gebirgsgletschern. Je mehr abgeschmolzen ist, umso schneller werden sich die Temperaturen erhöhen.

Es gibt viele Vorgänge mit ähnlichen Gesetzmäßigkeiten. Beim Abgang einer Schneelawine bewegen sich zunächst nur ein paar „Krümel", die sich dann rasch zu einer gewaltigen Lawine aufbauen, welche mit zerstörender Gewalt zu Tal donnert.

Schon vor Jahrzehnten haben viele Menschen das Abschmelzen der Gebirgsgletscher beobachtet und verfolgt. Dieser Vorgang wurde allerdings meist nur als lokaler Einfluss betrachtet.

Nach vermehrten Hinweisen von Fachleuten wurde die Klimaänderung in der Öffentlichkeit wahrgenommen, wobei sich jetzt auch die Politiker zunehmend mit diesem Thema beschäftigen.

Als Auslöser galt zunächst der Kohlendioxydgehalt in der Atmosphäre. Inzwischen gibt es weitere Erkenntnisse zu anderen Gasen und sonstigen Einflüssen durch menschliche Aktivitäten, die ebenfalls die Wärmeabstrahlung der Erde vermindern.

Die Verbrennung der Bodenschätze Kohle, Erdöl und Erdgas hat

DER ATMOSPHÄRE ZUSÄTZLICH GASE UND ENERGIEN ZUGEFÜHRT.

Dadurch steigen zwangsläufig die Lufttemperaturen. Die wärmere Luft nimmt durch Verdunstung und Verdampfung größere Wassermengen auf. Dies erhöht durch den gewachsenen Dampfanteil die Energie der Atmosphäre, die damit auch größere Wirkungen erzielen kann:

Die energiereichere Luft erzeugt stärkere Luftbewegungen, Stürme und Orkane. Durch größeren Feuchtigkeitsgehalt entstehen intensivere Niederschläge und in Verbindung mit den hohen Luftgeschwindigkeiten kraftvollere Einwirkungen auf Pflanzen, Tiere und Menschen – auf die natürlich vorhandenen sowie die von Menschen geschaffenen Strukturen.

Naturgemäß gibt es auch in Zukunft jahreszeitliche Schwankungen, wobei sich jedoch Termine und Ablauf weiter verschieben werden. Besonders eindrucksvolle Ereignisse zeigten sich schon mehrfach in Monaten, in denen extreme Vorgänge sowieso üblich sind.

In mehreren Erdteilen traten eine Anzahl ungewöhnlich heftiger Niederschläge mit Überschwemmungen ganzer Landstriche auf – wiederholt mit vielen Menschenopfern.

Die geänderten Umweltbedingungen bedeuten auch für die Pflanzenwelt stärkere Belastungen. Besonders zu erkennen ist das dort, wo die Beanspruchung der Pflanzen bisher schon sehr hoch gewesen und jetzt durch die Änderung „unerträglich" geworden ist.

In niederschlagsarmen Gebieten, in denen es selten und

nur wenig regnet sowie hohe Lufttemperaturen gibt, mussten schon bisher viele Pflanzen ständig um ihren Fortbestand kämpfen. Häufig ist dies nur knapp gelungen.

Jetzt gibt es zeitweilig noch höhere Lufttemperaturen und gleichzeitig durch heftigere Winde eine weiter erhöhte Austrocknung. Das überstehen manche Pflanzen nicht. Folge der letzten Jahre für diese Vorgänge waren z.B die ausgedehnten Waldbrände in mehreren Erdteilen.

Hier stellt sich folgende Frage:

WIE WIRD UND KANN ES AUF UNSEREM PLANETEN MIT DER KLIMAÄNDERUNG WEITERGEHEN?

Auch wenn ab sofort keine für das Klima „kritischen" Stoffe zusätzlich in die Atmosphäre abgegeben würden, müsste sich die Situation weiter verschärfen, da das Abschmelzen der Schnee- und Eismassen lediglich eine Verzögerung des Temperaturanstieges, aber keine grundsätzliche Lösung bringt.

Derzeit werden weiterhin ständig sehr große Schadstoffmengen ausgestoßen. Ernsthafte Ansätze, diese Belastung der Atmosphäre nicht weiter zu erhöhen, sind bisher nicht erkennbar und dürften wohl überhaupt weltweit nicht durchzusetzen und erreichbar sein. Die bisherigen Bemühungen konzentrieren sich bestenfalls darauf, den hohen Schadstoffausstoß konstant zu halten oder relativ geringfügig zu reduzieren. Daraus folgt, dass sich der Klimawandel mit Sicherheit noch wesentlich verstärken wird.

Erste wichtige Auswirkungen:

— In der Atmosphäre, den Gewässern sowie der festen Erdkruste erhöhen sich die Mittel- und Extremwerte der Temperaturen weiter.

- Der Meeresspiegel steigt an.
- Niederschläge werden noch sehr viel ergiebiger.
- Stürme und Orkane wüten mit schwer vorstellbarer Heftigkeit.
- Gegenteilige Wettervorgänge wechseln in kurzen Abständen.
- Das Gleichgewicht zwischen Klima und irdischem Leben wird gestört.

Mit unterschiedlichen Annahmen und Theorien wurde der durch das Abschmelzen der Schnee- und Eismassen zu erwartende Anstieg des Meeresspiegels ermittelt. Die Ergebnisse reichen von wenigen bis etwas über 100 cm. Dieser Einfluss scheint von Menschen beherrschbar zu sein.

In den letzten Jahren gab es bereits zunehmend sehr ergiebige Niederschläge. Anhand der dabei aufgetretenen Probleme lässt sich abschätzen, wo auf dem Festland die größten Schwierigkeiten zu erwarten sind.

Die zusätzlichen Wassermassen fließen größtenteils in die Meere ab – dies strapaziert die Möglichkeiten der Bäche und Flüsse. Die Wasserstände steigen in den Bereichen stark an, wo sich das Flussbett nicht verbreitern oder das Wasser auch nicht auf anderen Wegen abfließen kann.

Natürliche Einschränkungen bestehen durch begrenzte Durchlässe in Gebirgen, hügeligem Gelände und einem verwundenen Strömungsverlauf. An vielen Stellen verhindern die von Menschen errichteten Deiche seitliche Ausdehnungen.

Die auf der Grundlage früherer und inzwischen überholter Erfahrungen gebauten Deiche werden künftig nicht überall den zusätzlichen Kräften standhalten, überflutet und beschädigt. Beachtlicher Aufwand ist notwendig, Deiche zu reparieren und zu verstärken. Ähnliche Probleme treten an

Brücken über die Fließgewässer auf, wenn die Durchtrittsöffnungen keine hinreichende Stabilität und Abmessung haben.

Große Schäden werden besonders in tiefer gelegenen Flächen durch Überflutung auftreten: Wertvolle Ernteerträge gehen verloren und Wohnhäuser, Fabriken, Ver- und Entsorgungssysteme sowie sonstige Einrichtungen aller Art werden vernichtet – häufig mit Menschenopfern.

Außerdem müssen Ausweich- und Auffangmöglichkeiten für die vergrößerten aufgestauten Wassermengen geschaffen werden. Damit gehen weitere für die Lebensmittelerzeugung geeignete Flächen verloren. Diese Problematik wird später noch genauer betrachtet.

Viele Baulichkeiten werden durch extreme Niederschläge beschädigt. Große Schneemassen können durch ihr Gewicht „stabile" Dachflächen zum Einsturz bringen. Zahlreiche Schäden dieser Art hat es bereits gegeben. Durch heftige Schneefälle in früher davon weniger belasteten Regionen waren mehrfach Straßen und Schienenwege zeitweise nicht mehr passierbar und Orte nicht zu erreichen. Flugplätze mussten geschlossen werden.

Diese „Schneeproblematik" wird sich bei fortschreitendem Klimawandel von selbst abschwächen. Zunächst werden allerdings zeitweise örtlich begrenzt die Schneefälle noch zunehmen. Durch die weitere Erwärmung der Atmosphäre wird dies dann mittel- und langfristig zurückgehen.

Insgesamt werden Niederschläge weiter zunehmen. Diese Problematik scheint jedoch mit den menschlichen Möglichkeiten und Maßnahmen einigermaßen beherrschbar zu sein.

Größere Schwierigkeiten werden die zu erwartenden überaus heftigen Stürme/Orkane/Taifune bereiten. Die

Wirkung der Luftströmung hängt entscheidend von ihrer Geschwindigkeit ab: Die ausgeübte Kraft steigt überproportional an.

Stark betroffen sind zunächst alle aufrecht und freistehend wachsenden Pflanzen. Festigkeit und Widerstandskraft der Strukturen hatten sich in der sehr langen Entwicklungszeit den Belastungen durch die bisherigen Klimaverhältnisse angepasst.

In der Vergangenheit gab es immer wieder vereinzelt extreme Sturmsituationen, die örtlich viele Pflanzen beschädigten oder vernichteten. Das blieben aber lokale Ereignisse, die nicht zum totalen Verschwinden bestimmter Arten führten, weil an anderen Stellen gleichartige erhalten blieben.

Jetzt kommen zu den mechanischen Belastungen durch die Stürme weitere durch den Klimawandel ausgelöste Einflüsse hinzu. Die starken Winde nehmen im Zusammenwirken mit den höheren Temperaturen von Luft und Boden vermehrt Feuchtigkeit auf. Der Boden trocknet aus, gleichzeitig erhöht sich seine Temperatur. Die Wasserverdunstung der Pflanzen nimmt zu. Die in den Pflanzen für die bisherigen Verhältnisse dimensionierten Transportadern und Systeme können den Bedarf nicht mehr decken, viele Pflanzen drohen zu vertrocknen.

Die Schwierigkeiten sind umso größer, je höher das Wasser in der Pflanze transportiert werden muss. Infolgedessen sind davon hohe Pflanzen – insbesondere stattliche Bäume – bevorzugt betroffen. Bereits mehrfach war zu beobachten, dass Nadelgehölze zum falschen Zeitpunkt große Mengen Nadeln und Zapfen abwarfen.

Häufig steht zwischen den Bäumen trockenes Buschwerk mit leicht entzündlichem Holz und gutem Brennwert – optimale Voraussetzungen für ausgedehnte Waldbrände. Starker Wind sorgt dafür, dass ursprünglich kleine Feuer sich rasch ausbreiten. Der Ablauf der Brände folgt dabei bekannten physikalischen Gesetzen: Die durch das Feuer erwärmte Luft steigt nach oben und erzeugt dadurch in Bodennähe im Zentrum des Brandes einen Unterdruck, der von allen Seiten eine bei größeren Bränden sehr kräftige Zuströmung frischer Luft verursacht. Dies facht das Feuer stets aufs Neue an. Dadurch werden Löschmaßnahmen schwierig und erheblich behindert.

Diese Brände werden oft durch ein Zündfeuer ausgelöst. Das kann unterschiedliche Ursachen haben: Ein kleines, willkürlich angezündetes Feuer wird nicht sorgfältig genug bewacht, Brandstiftung aus persönlichen und kriminellen Motiven oder Entzündung durch Blitzschlag.

Große Waldbrände sind in den letzten Jahren sehr ähnlich sogar in verschiedenen Erdteilen aufgetreten und hatten in mehrfacher Hinsicht negative Auswirkungen.

Die Verbrennungsenergie erhöht die Temperatur der Atmosphäre zusätzlich und verstärkt dadurch den Klimawandel. Der verbrannte Wald kann keinen oder nur einen wesentlich verminderten Beitrag zur natürlichen Reduktion der Kohlendioxyde leisten.

Aufgrund der veränderten klimatischen Bedingungen ist in den Brandgebieten in Zukunft mit verschlechtertem Wachstum zu rechnen. Fraglich ist, ob dort überhaupt wieder ein ähnlicher Wald gedeihen wird. Dadurch sind große Flächen für die Stabilisierung der Klimasituation verloren.

Hohe Bäume leiden besonders stark unter der Einwirkung heftiger Stürme. Schon die bisherigen Klimabedingungen genügten, um größere Waldgebiete mit Nadelholzmonokulturen flachzulegen. Sehr eindrucksvoll war dies in den letzten Jahren mehrfach in Mitteleuropa zu sehen – häufig blieb kaum ein Baum stehen.

Eine zuverlässige Voraussage, welche Pflanzen den Klimawandel überstehen können, ist kaum möglich. Die Vorgänge mit den hohen Bäumen zeigen jedoch grundsätzliche Tendenzen der zu erwartenden Änderungen auf.

Hohe Bäume haben eine sehr lange Entwicklungszeit hinter sich. Sie haben keine Chance, sich kurzfristig durch Erbgutänderungen der viel zu schnell eingetretenen neuen Klimasituation anzupassen.

Eine natürliche Möglichkeit, die Pflanzenart trotz der Gefahren auch für die Zukunft zu erhalten besteht darin, die Anzahl der „Nachkommen" deutlich zu erhöhen, damit auch nach zahlreichen Ausfällen immer noch einige übrig bleiben.

Im Jahre 2007 war dies bei vielen großen Bäumen zu sehen. Auf Eichen wuchs eine Vielzahl Eicheln, sodass der Boden darunter im Herbst davon fast vollständig bedeckt war. Ähnliches war bei Buchen zu beobachten. Fichten und Kiefern brachten zahlreiche Zapfen mit einer immensen Zahl Samen hervor. Unklar ist bisher, ob dies durch den Klimawandel beeinflusst wurde.

Die gesamte irdische Pflanzenwelt ist gezwungen, die geänderten klimatischen Bedingungen zu ertragen und dabei weiter zu bestehen. Sicher gibt es Arten, die dies bewältigen können – die übrigen werden aussterben.

Tiere haben für die Entwicklung bis zu ihrer heutigen Gestalt nach menschlichen Zeitmaßstäben sehr lange gebraucht. Dies gilt in besonderem Maße für Wirbel- und vor allem Säugetiere. Diesen Gattungen ist eine Anpassung durch Erbgutänderungen versagt, weil die Lebensbedingungen sich durch den Klimawandel zu schnell ändern.

Hinzu kommt, dass durch die verschiedensten menschlichen Aktivitäten der für größere Tiere geeignete Lebensraum immer weiter eingeengt wird. Dörfer, Städte und andere Ansiedlungen, Wege, Straßen, Autobahnen, Bahnlinien, Sportplätze und Felder mit Monokulturen bedecken große Flächen. Wildlebende Tiere werden verfolgt, wenn sie als Nahrung dienen sollen, die menschliche Nutzung stören oder als gefährlich gelten.

Für die natürliche Fortpflanzung und die Aufzucht der Nachkommen gibt es erhebliche Erschwernisse. Das Verhalten der Tiere ist durch die neuen Umweltbedingungen beeinflusst und verändert.

Für Tiere gibt es zum Erhalt ihrer Art nur zwei Alternativen: sie bewältigen selbst die neue Situation oder können dafür menschliche Hilfe bekommen. Die letztere Möglichkeit ist begrenzt und für die weitaus meisten überhaupt nicht gegeben. Ein hoher Anteil insbesondere der großgewachsenen Tierarten kann dies selbst nicht schaffen und wird aussterben.

Bereits jetzt hat sich die Anzahl der Tiere vieler Arten reduziert und vermindert sich ständig weiter. Nach neuen Untersuchungen sind über zehntausend wildlebende Tierarten vom Aussterben bedroht – zum Teil werden höhere Zahlen genannt.

Der Klimawandel hat noch eine Besonderheit, welche die Situation zusätzlich komplizierter macht.

Die Atmosphäre wird wärmer und wasserreicher. Durch Niederschläge steht damit auch dem Erdboden mehr Wasser zur Verfügung. Beide Faktoren fördern normalerweise das Wachstum von Pflanzen. Eigentlich könnte es anschließend der Pflanzenwelt nur „besser" gehen.

Diese Sichtweise berücksichtigt jedoch nicht, dass sich die Änderungen aufgrund der örtlichen Rahmenbedingungen keineswegs überall gleichmäßig und gleichartig auswirken.

In Gebieten, wo die Pflanzen bisher schon mit hohen Temperaturen und Wassermangel kämpfen mussten, wurde es meist noch heißer und trockener. Dann kam plötzlich ein Überschwall Wasser. Ein solcher Vorgang konnte im Sommer 2007 auf der bekannten „Sonneninsel" Mallorca erlebt werden.

Andererseits ging in Gebieten, wo sowieso reichlich Wasser zur Verfügung stand, noch zusätzlich kräftiger Regen nieder, der auch hier für viele Pflanzen die Wachstumsbedingungen ungünstig beeinflusste. Zudem können viele Pflanzen einen derart schockartigen Wechsel nur schwer verkraften.

Außerdem verschieben sich jahreszeitliche Einflüsse. Für die verschiedenen Wachstumsphasen Keimen, Wachsen, Blühen und die Bildung von Früchten und Samen kommt das passende Wetter nicht zum rechten Zeitpunkt, sodass diese Vorgänge stark behindert werden und zeitweilig oder teilweise ganz unterbleiben.

Sehr hohe Windgeschwindigkeiten wirken nicht nur auf Pflanzen und Tiere, sondern auch unmittelbar auf von Menschen Gestaltetes. Betroffen sind vor allem Gebäude, Brücken und sonstige Baulichkeiten aller Art, Fahrzeuge, Schiffe und Flugzeuge, die in der Regel für die Belastungen durch die früheren klimatischen Bedingungen ausgelegt und gebaut wurden.

Besonders in industriell weiter entwickelten Staaten wird bei der Konstruktion vielfach mit hohen Sicherheitszuschlägen gerechnet. Dadurch hielten sich bisher dort die Schäden meist in Grenzen, weil häufig nur Sicherheitsreserven eingeschränkt oder aufgebraucht werden. Jedoch sind auch hier durch extremere Winde bereits ganze Ortschaften oder Teile großer Städte verwüstet worden.

In vielen Entwicklungsländern entstanden durch Stürme bereits gewaltige Schäden. Viele Gebäude dort sind sehr primitiv gebaut und stürzen dann in großer Zahl schnell ein. Bei gleichzeitig wasserreichen Niederschlägen waren schon viele Menschenopfer – besonders auch Kinder – zu beklagen. Sehr mühsam geschaffener Besitz ging verloren. Oft sind die Möglichkeiten dann eingeschränkt oder genommen, die Auswirkungen aus eigener Kraft zu meistern – für diese Menschen häufig echte Katastrophen, indem auch noch brauchbare Nahrung und Trinkwasser fehlen. Schnell können sich Krankheiten und Seuchen ausbreiten, wobei keine oder nur sehr begrenzte ärztliche Versorgung möglich ist. Besonders „ungerecht" erscheint, wenn Menschen betroffen sind, die selbst zu der Klimaänderung gar nichts oder nur sehr wenig beigetragen haben.

Deutliche Auswirkungen des Klimawandels sind bereits dadurch spürbar, dass bei Vorausschätzungen der zu erwartenden Änderungen teilweise sehr ungewöhnliche Schwankungsbreiten in den Ergebnissen angegeben werden. Typisches Beispiel sind die Berechnungen der zu erwartenden Änderung des Meeresniveaus. Neben der bereits erwähnten Erhöhung im Bereich von wenigen cm bis etwas über 1 m gibt es andere Angaben bis über 100 m. Sehr langfristig wird teilweise sogar eine Absenkung des Meeresniveaus von 120 m vorausgesagt. Eine solche Bandbreite von „wissenschaftlichen" Berechnungen ist mehr als ungewöhnlich.

Auch das bei dem höchsten Wert zu Erwartende würde eine ganz andere Dimension mit kaum abzuschätzenden Folgen auslösen. Ein großer Teil Europas und auch anderer

Erdteile könnten nicht geschützt werden und würde überflutet. Viele Gebiete würden als Lebensraum und für die Nahrungsmittelerzeugung vollständig ausfallen – zwangsläufig ein totales Chaos für ALLES LEBEN. Zu wünschen bleibt nur, dass dieses „Rechenergebnis" völlig falsch ist.

Bei einer Erhöhung der Temperaturen in Luft und Gewässern steigen sie zwangsläufig auch in der festen Erdkruste. Dabei können schon geringe Änderungen durch die thermische Ausdehnung gewaltige Kräfte erzeugen.

Da Strukturen von Vulkanen sich sowieso in einem labilen Zustand befinden, genügen hier geringe Unterschiede, um Ausbrüche herbeizuführen.

Die Temperaturänderungen wirken auf das Gesamtgefüge der Erdkruste. Dadurch entstehen in ausgedehnten Bereichen immense Kräfte, die dann heftige Erd- und Seebeben auslösen.

Derartige Ereignisse sind in den letzten Jahren bereits mehrfach – beispielsweise die katastrophalen Beben in Thailand, China und Birma – mit sehr vielen Menschenopfern und umfangreichen Zerstörungen eingetreten.

In Zukunft werden wir häufiger auch Schlimmeres ertragen müssen.

7. Umgestaltung des irdischen Lebensraumes durch die Menschheit. Ziele, Abhängigkeiten und Folgen

Menschen haben schon seit Jahrtausenden Einfluss auf die Welt und darauf ablaufende Vorgänge ausgeübt. Auch dies war und ist ein Beitrag zur Weiterentwicklung des Lebens, hat sich zunächst ziemlich problemlos in die natürlichen Verknüpfungen eingefügt und unser irdisches Lebenssystem nicht wesentlich geschädigt.

Notwendige Voraussetzungen für menschliches Leben ist die Deckung des Mindestbedarfs von Nahrung, Wasser und Atemluft.

Als Nahrung geeignete Pflanzen wurden gesucht, gesammelt und gelagert. Tiere wurden gejagt, erlegt und für den Verzehr zubereitet.

Menschen unterwarfen Tiere und zogen diese für vielfältige Dienstleistungen heran, wobei sogar zu einigen von ihnen eine Art „persönliches Verhältnis" entstand. Die Aufgaben umfassten sehr unterschiedliche Bereiche: Unterstützung bei Jagd, Bewachung und Transport; Lieferung von Fleisch, Milch und Kleidung; Kampf gegen tierische und menschliche Feinde und Vieles mehr.

Beteiligt waren recht verschiedenartige Tiere: Katzen, Hunde, Ziegen, Schafe, Rinder, Pferde, Kamele, Elefanten.

Das Überleben der Menschen war allerdings häufig von starken Risiken bedroht: Die Jagd war nicht immer erfolgreich und als Nahrung geeignete Pflanzen wurden aus den unterschiedlichsten Gründen in größeren Zeitabschnitten nicht in hinreichender Menge gefunden. Wichtige Einflüsse waren Jahreszeiten und wechselhafte Wetterbedingungen.

Menschen haben ein natürliches Sicherheitsbedürfnis. Zur Reduzierung der Risiken des Nomadenlebens sind seit Jahrtausenden immer mehr Menschen zeitweise oder dauerhaft „sesshaft" geworden und haben Ackerbau und Viehzucht betrieben. Dadurch wurde die ständige Versorgung mit hinreichenden Mengen von Nahrungsmitteln wesentlich besser erreicht.

Menschen haben das Bestreben, nützliche Vorgänge möglichst weiter zu verbessern. An einigen Beispielen soll betrachtet werden, was im Bereich der Nahrungsmittelerzeugung dadurch ausgelöst worden ist.

Heute ist das Getreide eine wichtige Ernährungsbasis – für die neue Arten gezüchtet wurden, um maximale und optimale Erträge zu erzielen. Dabei sollen die Erzeugnisse hinsichtlich Bekömmlichkeit und Geschmack speziell den menschlichen Wünschen entsprechen.

Aus wirtschaftlichen Erwägungen wird auf großen Flächen jeweils ausschließlich eine Getreidesorte angebaut. So entstehen Monokulturen. Maximale Erträge werden erreicht, wenn die Wetterbedingungen den bei der Züchtung vorhandenen oder zugrunde gelegten entsprechen.

Die Aussaat erfolgt zunehmend maschinell, um eine gleichmäßige und sparsame Verteilung der Samenkörner zu erzielen. In Ergänzung hierzu wird meist durch verschiedene Methoden das Wachstum anderer „störender" Pflanzen reduziert oder ganz verhindert. Damit entfällt oder erleichtert sich in der Monokultur der „Kampf ums Überleben" gegen andersartige Gewächse. Dadurch entstehen einseitig orientierte Pflanzen, die sich bei geänderten Bedingungen schlecht halten können und mit Giften vor tierischen Schädlingen geschützt werden müssen. Monokulturen brauchen spezielle Wachstumsbedingungen und sind dadurch von der Betreuung durch den Menschen abhängig. Häufig wird vor oder während des Wachstums eine Düngung mit chemischen Mitteln durchgeführt und oft bei Trockenheit zusätzlich künstlich bewässert.

Bei früheren Methoden der Agrarwirtschaft wurde überwiegend mit den Exkrementen der Tiere und teilweise auch der Menschen gedüngt. So wurden die Rohstoffe durch natürliche Vorgänge immer wieder dem allgemeinen Kreislauf zugeführt.

Heute verändern chemische Düngemittel und Gifte das biologische Gleichgewicht im Mutterboden und damit die Voraussetzungen, das Pflanzenwachstum zu fördern. Diese Auswirkung wurde bereits dadurch erkennbar, dass nach jahrelanger Behandlung der Böden mit chemischen Mitteln oft zur Erzielung des gleichen Ertrages die Düngermenge erhöht und teilweise auch die Zusammensetzung geändert werden musste.

Bei der Erzeugung der artenreichen Gemüse- u. Obstsorten liegen ähnliche Zusammenhänge vor. Auf diesem Gebiet ist jedoch die extreme Ausrichtung auf die menschlichen Vorstellungen – Geschmack, Form, Farbe und Größe – noch stärker. In diesen Bereichen wurden ebenfalls Sorten gezüchtet, die auf Plantagen als Monokulturen angebaut werden und so zu einseitig orientierten Pflanzen führten, die geänderten klimatischen Bedingungen schlechter standhalten.

Die fortschreitende Globalisierung erweitert insbesondere beim Obst die Auswahl unter Berücksichtigung der menschlichen Wünsche: keine Beschränkung des aktuellen Angebotes durch jahreszeitliche Einflüsse oder regionale Bedingungen. Viele Sorten werden über große Entfernungen und mit erheblichem Aufwand zu den Verbrauchern transportiert. Eindrucksvolles Beispiel sind Bananen, die in Kühlschiffen in andere Erdteile gebracht werden.

Die Eigenschaften vieler Tierarten wurden ebenfalls durch Züchtung den speziellen menschlichen Bedürfnissen und Wünschen angepasst. Dies soll beispielhaft anhand einiger Tiere betrachtet werden.

Rinder leisten seit langer Zeit einen wichtigen Beitrag zur menschlichen Ernährung: Sie liefern Fleisch und Milch. Auf die Beschaffenheit dieser „Produkte" hat der Mensch durch Züchtung Einfluss genommen.

Die Milchleistung der Kühe wurde erhöht, der Fettgehalt der Milch dem Bedarf angepasst und die Betreuung stark vereinfacht. In modernen Betrieben der Milchwirtschaft laufen sie bereits selbstständig auf die Weide und wieder zurück in den Stall.

Dort öffnet die Kuh selbst den Trinkwasserhahn sowie ein Ventil zur Zuteilung eines Kraftfutterzusatzes mit in Abhängigkeit von ihrer Milchleistung dosierten Menge.

Der Mensch greift auch immer weiter in das „Gefühlsleben" der Rinder ein. Normal zeugte der Bulle im Geschlechtsverkehr mit der Kuh die Nachkommen. Heute bekommen die meisten Bullen die Kuh nicht mehr zu sehen. Ihre Samenflüssigkeit wird entnommen und dann von Menschen in die Kuh eingebracht. In Zukunft wird bei Kühen irgendwann eine normale Befruchtung nicht mehr möglich sein.

Schweine sind geschätzte Fleischlieferanten. Zahlreiche Menschen essen gern Rippenkoteletts. Dementsprechend wurden längere Schweine mit zusätzlichen Rippen gezüchtet. In der Folge traten bei ihnen vermehrt Rückenprobleme auf, da die Statik des Gesamtknochengerüstes nicht für derartig lange Wirbelsäulen ausreicht.

Einige Tierzüchtungen haben für die Nahrungsmittelversorgung gar keine Bedeutung. Eine große Anzahl Hunderassen hat aus den unterschiedlichsten Gründen nur für ihre Besitzer einen speziellen Wert. Ähnliches gilt für Katzen.

Inzwischen ist ein großer Teil der Tiere in der unmittelbaren Umgebung der Menschen ohne Betreuung und Unterstützung nicht mehr lebensfähig.

Im Zuge der allgemeinen Weiterentwicklung ist es in den letzten Jahrzehnten immer besser gelungen, eine ausreichende Menge Nahrungsmittel für die gesamte Menschheit zu erzeugen. Das ist zweifellos ein epochaler Erfolg.

Probleme bereitet allerdings immer noch die Verteilung.

Gleichzeitig entsteht für die Menschheit eine umfassende Abhängigkeit. Für das Weiterleben wie bisher muss auch die Erzeugung von Nahrungsmitteln, angepasst an die wachsende Weltbevölkerung, noch weiter gesteigert werden.

Der bis jetzt erzielte Erfolg darf nicht dazu verleiten, die Augen vor den Wirkungen zu verschließen, die dieses Vorgehen bereits ausgelöst hat und was sich für die Zukunft aus den bis jetzt durchgeführten, schon eingeleiteten und vorherzusehenden Abläufen noch ergeben wird.

Nachstehend werden einige der Folgen aufgezählt:

– Die Ernteerträge des Ackerbaus wurden durch den Einsatz von chemischen Düngemitteln und Giften gesteigert, deren Herstellung meist in größeren Fabriken erfolgt. Hierfür benötigte Rohstoffe werden begrenzten irdischen Vorkommen entnommen, wobei dort im Allgemeinen wohl noch kein Engpass zu erwarten ist.

– Auch diese Betriebe benötigen Energie. Basis sind überwiegend die abgebauten fossilen Brennstoffe Erdöl, Erdgas oder Kohle. Die in diesem Bereich tätigen Unternehmen verschärfen dadurch den Klimawandel. Da dies nicht wenige Firmen sind, hat das erhebliche Auswirkungen.

– In landwirtschaftlichen Betrieben werden für die Bestellung der Äcker spezielle Fahrzeuge zum Pflügen, Eggen, Säen und Ernten eingesetzt. Diese Geräte werden von Fachfirmen hergestellt, die dafür ebenfalls Energie benötigen.

– In diesen Produktionen arbeiten immer weniger Menschen und diese haben dabei bis zum Einsatzort jedoch zunehmend größere Entfernungen zu bewältigen. Benutzt werden PKW, Motorräder, Flugzeuge, Schiffe und sonstige auch öffentliche Verkehrsmittel. Alle benötigen – teilweise sehr viel – Energie. Dieser Bedarf wird überwiegend auf der Basis von Erdöl und Erdgas gedeckt, was eine weitere Verstärkung des Klimawandels auslöst.

– Die landwirtschaftlichen Erzeugnisse müssen zum Verbrauchsort gebracht werden. Dabei sind immer längere Transportwege zurückzulegen. Bedeutung hat auch hier die Globalisierung, indem Nahrungsmittel über mehrere tausend Kilometer in Gebiete geliefert werden, in denen derartige Lebensmittel nicht wachsen können.

– Für den Antrieb dieser Transportmittel ist ebenfalls eine starke Abhängigkeit von den irdischen Energierohstoffen gegeben, bei den mit Kühlanlagen ausgerüsteten Schiffen und Fahrzeugen kommt noch der Energiebedarf für die Kühlung hinzu.

– Transportmittel wiederum werden in der Regel von Industrieunternehmen hergestellt.

Die Aufzählung derartig negativ beschleunigender Einflüsse auf den Klimawandel könnte noch weit fortgesetzt werden.

Bei fast allen diesen Vorgängen gibt es eine weittragende und höchst gefährliche Verknüpfung. In den Industriebetrieben arbeiten Millionen Beschäftigte, die durch ihre Tätigkeit die Grundlage für das eigene Leben, ihren Lebensstandard und die mit ihnen verbundenen Menschen schaffen. Alle sind davon abhängig, dass diese Aktivitäten fortgesetzt werden, wodurch der Klimawandel weiter verstärkt wird.

Ein zusätzlicher Einfluss ergibt sich aus der Globalisierung der wirtschaftlichen Beziehungen nicht nur im Sektor der Nahrung, sondern auch bei sehr vielen Gebrauchsgütern: Kleidung, Geräte, Hilfsmittel für Haushalt und PKW-Nutzung, Sport, Unterhaltung und vieles andere mehr. Die internationale Zusammenarbeit erfordert umfangreiche Reisetätigkeit, wobei die benutzten Verkehrsmittel PKW, Flugzeuge und Schiffe ebenfalls auf der Energiebasis Erdöl, Erdgas oder Kohle betrieben werden. Neben der zusätzlichen Verstärkung des Klimawandels besteht auch hier eine einschneidende Abhängigkeit der Lebensumstände vieler Menschen.

Außerdem ist eine große Zahl Menschen nicht mehr gezwungen, die zur Verfügung stehende Zeit ausschließlich oder überwiegend zur Deckung ihrer Grundbedürfnisse Nahrung, Kleidung und Unterkunft zu verwenden. Die dadurch entstehende freie Zeit soll ausgefüllt werden.

Vor allem in den letzten Jahrzehnten hat die touristische Reisetätigkeit der Bevölkerung der Industrieländer sehr stark zugenommen, sowohl in der Zahl der Beteiligten als in den überbrückten Entfernungen. Die zahlreichen in diesem Sektor als Dienstleister Beschäftigten sind wirtschaftlich hiervon abhängig. Auch diese Zusammenhänge beeinflussen nachhaltig den Klimawandel.

Sportwettbewerbe sehr unterschiedlicher Art – Einzel- und Mannschaftskämpfe – dienen der Unterhaltung. Beliebte Sportarten sind: Leichtathletik, Boxen, Ringen, Schwimmen, Skilaufen und -springen, Fußball, Hand- und Volleyball.

Für die Sportler selbst fördert die Teilnahme in der Regel die Gesundheit. Negative Auswirkungen hinsichtlich des Klimawandels treten nicht auf oder sind untergeordnet.

Die übrigen Menschen nehmen an den Wettbewerben als Zuschauer unmittelbar am Austragungsort oder über Fernseh- und Radioberichte teil. Für die Planung und Abwicklung dieser Vorgänge sind umfangreiche und aufwendige Maßnahmen erforderlich. Das Sportgelände muss gestaltet werden, Hallen und andere Gebäude sind zu errichten, Tribünen und Plätze für die Zuschauer anzulegen. Geeignete Positionen und technische Einrichtungen für die Berichterstatter der Medien sind vorzubereiten. Straßen, Parkplätze und Wege müssen gebaut werden. Systeme zur Versorgung mit Strom, Wasser, Speisen und Getränken sowie Entsorgung von Abwasser sind notwendig.

Das Bedürfnis der Menschheit, unterhalten zu werden, hat inzwischen eine neue Größenordnung erreicht und zahlreiche wirtschaftliche Aktivitäten ausgelöst. Auch auf diesem Gebiet bestehen ähnliche Abhängigkeiten wie bei den anderen beschriebenen Vorgängen.

Zahlreiche Berufsgruppen planen, erfassen, bearbeiten und gestalten die Voraussetzungen sowie die Inhalte für die Unterhaltung und verdienen damit ihren Lebensunterhalt. Dabei werden häufig ansehnliche Einkommen erzielt, wenn das Gebotene von möglichst Vielen geschätzt wird, die letztlich fast immer den entstandenen Aufwand bezahlen.

Das „Material" für die Unterhaltung wird häufig in „Kunst" oder allgemeine interessante Informationen eingebettet.

Geboten wird es durch Vorträge und in Druckerzeugnissen – Bücher, Berichte, Zeitungen, Illustrierte – sowie mit Wort und Bild in Film, Fernsehen, Internet und anderen Kommunikationsmitteln.

Schon diese grobe Aufzählung zeigt, dass für die „Abwicklung" der Unterhaltung ein immenser Aufwand an Personal, Maschinen, Material und naturgemäß auch Energie benötigt wird, was zwangsläufig den Klimawandel noch weiter verstärkt.

Das betrachtete Gesamtsystem ist offensichtlich durch die zahlreichen Abhängigkeiten so engmaschig gestrickt, dass eine grundsätzliche Änderung der Vorgehensweise durch bewusste Entschlüsse und Maßnahmen anscheinend nicht machbar ist.

Bei vielen Untersuchungen und Planungen für das weitere Vorgehen wird häufig von Informationen und Wissen aus der Vergangenheit ausgegangen, das inzwischen bereits überholt und nicht mehr gültig ist. An sich liegt es nahe, zunächst Bekanntes als Basis zu nehmen, weil oft schwierig oder gar nicht zu erkennen ist, was in welchem Umfang nicht mehr stimmt. Das hat dazu geführt, dass häufig in kurzen Abständen zum gleichen Detail immer wieder neue und teilweise sogar gegenteilige Aussagen vorgebracht werden.

Zu erwarten ist, dass sich der Abbau und die Verbrennung der fossilen Brennstoffe fortsetzt und wahrscheinlich sogar noch ausweitet. Damit werden sich die vielen bisher schon beobachteten und zwangsläufig zu erwartenden Gefahren und Folgen der Klimaänderung zusätzlich noch sehr dramatisch verstärken.

Bei objektiver Betrachtung wirkt es erstaunlich, dass bisher nicht einmal Ansätze zu erkennen sind, die Änderung des Klimas zu stoppen. Alle bisherigen – sicher häufig von guten Absichten geprägten – Bemühungen laufen im Wesentlichen nur darauf hinaus, die Klimaänderung zu verlangsamen. Es gibt Berechnungen, dass sich der Energieverbrauch bis zum Jahr 2050 verdoppeln wird, andere Prognosen sprechen von deutlich größeren Steigerungen.

Inzwischen haben sich zahlreiche wissenschaftliche und politische Institutionen mit der Klimaproblematik beschäftigt. Im November 2007 hat der Weltklimarat der UNO („Intergovernmental on Climate Change IPCC") einen Abschlussbericht zu diesem Thema mit einem eindringlichen Appell an die Staaten der Erde verabschiedet.

Auch die deutsche Bundesregierung hat zu diesem Thema erste Schritte eingeleitet und weitere vorgesehen.

In einer Anzahl weiterer Staaten sind ebenfalls Ansätze für Maßnahmen gegen den Klimawandel erkennbar, andere reagieren bisher zurückhaltend. Außerdem fordern Entwicklungsländer – meist aus sozialen Gründen – sogar „Freibriefe" für eine Steigerung ihres Energieverbrauchs.

Offensichtlich wird bisher die bedrohliche Bedeutung der Klimaproblematik für die Existenz der gesamten Menschheit nur von Wenigen gesehen.

In den folgenden Kapiteln wird untersucht, welche zusätzlichen Probleme und Gefahren jetzt schon erkennbar sind.

8. Grundprobleme der heutigen Menschheit

In den letzten hundert Jahren hat die Zahl der lebenden Menschen in einem früher unvorstellbaren Ausmaß zugenommen.

Unverzichtbare Voraussetzung für das Leben jedes Einzelnen ist die Versorgung mit einer Mindestmenge Nahrung und Wasser. Für die heute lebende Menschheit ist das weitgehend gelungen. Dabei bestehen jedoch immer noch erhebliche Unterschiede in Verteilung und Zugänglichkeit. Viele Menschen leben zumindest zeitweise hart am oder sogar unter dem Existenzminimum.

Die Deckung des Lebensmittelbedarfs für die zahlreiche und ständig zunehmende Erdbevölkerung war mit den früheren traditionellen landwirtschaftlichen und sonstigen Methoden nicht zu schaffen.

Die Steigerung ist jetzt mit vielfältigen strukturellen Änderungen der Nahrungserzeugung und Bereitstellung erreicht worden. Im vorherigen Kapitel ist an einigen wichtigen Beispielen aufgezeigt, dass hierfür viel Energie gebraucht wird, die überwiegend durch Verbrennung der fossilen Brennstoffe gewonnen wird und die den Klimawandel dramatisch verstärkt.

Zusätzlich ist für viele weitere menschliche Aktivitäten, die mit der Lebensmittelversorgung wenig oder nichts zu tun haben, ein ständiger und großer Energiebedarf entstanden.

Viele Maßnahmen zur Verzögerung oder zum Beenden der durch menschliche Eingriffe ausgelösten unnatürlichen Beschleunigung des Klimawandels bringen gleichzeitig Nachteile und Einschränkungen für die Lebensmittelversorgung der Bevölkerung.

DIES IST EIN BASISKONFLIKT MIT GRÖSSTER BEDEU-TUNG.

Inzwischen wird zunehmend erkannt, dass der Klimawandel durch die Verbrennung der Energierohstoffe und die dabei entstehenden Gase verursacht ist.

Diese Brennstoffe sind verhältnismäßig einfach zu handhaben und bieten hochwertige Energie, die sehr gut für die Stromerzeugung sowie den Antrieb vieler Arten von Maschinen, Fahr- und Flugzeugen und Schiffen genutzt werden kann und dadurch erhebliche Vorteile bringt.

Sogar wenn die Verbrennung der Energierohstoffe sofort völlig eingestellt würde, wirken die bis jetzt ausgelösten Veränderungen weiter.

In der Bevölkerung gehen die Beurteilungen zum Klimawandel und die Bereitschaft, selbst etwas zu unternehmen, sehr weit auseinander. Ein großer Teil ist heute immer noch der Ansicht, dass kein wirklich einschneidender und nachteiliger Klimawandel stattfindet – Änderungen habe es schon immer gegeben.

Eine zweite große Gruppe erkennt zwar Veränderungen, glaubt jedoch aus persönlichen Gründen, davon nur wenig oder gar nicht betroffen zu sein. Entsprechend gering ist die Bereitschaft, aktiv etwas zu unternehmen oder Nachteile zu akzeptieren.

Für Menschen in den Entwicklungsländern eröffnen sich zunehmend Möglichkeiten, durch verstärkten Einsatz von technischen Hilfsmitteln ihre Lebensqualität zu verbessern. Dies braucht zwangsläufig in vielen Bereichen zusätzlich Energie. Da in diesen Ländern eine zahlreiche Bevölkerung lebt, ergibt sich dadurch ein sehr gravierender Einfluss.

Auch internationale Organisationen beschäftigen sich zunehmend mit Fragen, wie in den Entwicklungsländern die Versorgung und gleichzeitig die Lebensqualität verbessert werden kann. Bei der Festlegung der Zielsetzungen für die zu erreichende Energieeinsparung sollen deshalb aus einem Gefühl „sozialer Gerechtigkeit" den wirtschaftlich schwächeren Ländern besondere Zugeständnisse gemacht werden, indem dann dort im Vergleich zu den allgemein festgelegten Grenzwerten für den Energieverbrauch höhere Werte zulässig sind.

Dies ist sicher ein positiver Ansatz und vor allem menschlich gedacht. Gleichzeitig wird jedoch der Klimawandel dadurch drastisch weiter verstärkt.

Nachstehend werden zur Problemlösung einige Möglichkeiten sowie teilweise auch bereits angewandte Aktivitäten aufgezählt und nach Gruppen unterschieden.

8.1 Maßnahmen zur Verlangsamung des Klimawandels ohne wesentliche negative Nebenwirkungen

Hierzu zählen vor allem Verhaltensänderungen mit dem Ziel der Energieeinsparung. Viele legen kürzere Strecken zu Fuß, mit dem Fahrrad oder im Winter auf Skibrettern zurück, reduzieren den Einsatz ihrer Kraftfahrzeuge oder nutzen öffentliche Verkehrsmittel. Die Raumheizung wird gedrosselt oder auf nachwachsende Brennstoffe umgestellt. Ein Teil der Räume wird zeitweilig oder gar nicht mehr beheizt und kältere Raumtemperaturen ertragen. Die Beleuchtung wird vermindert und Energiesparlampen werden verwendet. Maschinen, sonstige Geräte und Fahrzeuge mit besseren Wirkungsgraden werden eingesetzt. Häufig ergibt dies auch einen wirtschaftlichen Vorteil, der bei steigenden Energiepreisen wachsende Bedeutung hat.

Wenn dabei einige wichtige Rahmenbedingungen beachtet werden, kann dies einen – wenn auch kleineren – Beitrag im Kampf gegen den Klimawandel leisten, ohne dass damit die Erzeugung von Nahrungsmitteln beeinträchtigt wird.

Menschen haben schon in „grauer Vorzeit" mit Holz geheizt. Insoweit ist dies eine bekannte und bewährte Methode.

Nur eine solche Holzmenge sollte zum Heizen verwendet werden, die in den vorhandenen Waldgebieten nachwächst. Die Anpflanzung neuer Wälder würde naturgemäß meist Flächen in Anspruch nehmen, die dann nicht mehr für die Erzeugung von Nahrungsmitteln zur Verfügung stehen.

Weltweit steht oder liegt in Wäldern sehr viel Totholz – vertrocknete Bäume, Wurzelstöcke, Sträucher und Äste – das dort in einem langwierigen Prozess verrottet. Zunächst scheint es sinnvoll, ungenutztes Holz zu fällen, auszugraben und einzusammeln, um es dann zum Heizen zu verwenden.

Dies ist jedoch – leider – keine geeignete Maßnahme gegen die Klimaänderung. Das Totholz verfault normalerweise in einem langwierigen Prozess und gibt dabei die nicht gewünschten Kohlendioxide ab – verteilt im Allgemeinen über mehrere Jahre und Jahrzehnte. Wenn es jetzt in großem Umfang zusätzlich „geerntet" und verbrannt wird, steigert dies sofort den Gasausstoß und verstärkt und beschleunigt damit den Klimawandel.

Ein großer Teil der aufgezählten positiv wirkenden Methoden bringt – absolut gesehen – nur wenig. Wenn jedoch viele Menschen gleichzeitig mit dieser Zielsetzung handeln und ihr Verhalten ändern, kann doch eine beachtliche Wirkung erzielt und ein Beitrag zur Entwicklung in eine vorteilhaftere Richtung geleistet werden.

Um das Energieproblem wirklich zu lösen und geeignete Klimabedingungen für die jetzt auf unserem Planeten existierenden Lebensformen zu erhalten, sind jedoch wesentlich umfangreichere Maßnahmen erforderlich.

8.2 Wirksamere Methoden zur Eindämmung des Klimawandels – Vorteile und Grenzen

Günstige Auswirkungen ergibt die Nutzung der WIND-ENERGIE.

Diese Technik hat eine lange Tradition. Es gab zahlreiche Windmühlen zum Mahlen von Getreide und andere von Wind angetriebene Kleinanlagen. Zuletzt wurden derartige Anlagen zunehmend mit Elektromotoren ausgerüstet. Dadurch war ein einfacher und vom Wind unabhängig durchlaufender Betrieb mit wesentlich größeren Leistungen möglich. Der benötigte elektrische Strom wurde aus öffentlichen Netzen bezogen und meist in Kraftwerken durch Verbrennung von Kohle, Erdöl oder Erdgas erzeugt.

Die Bedrohung durch den Klimawandel hat auch in diesem Bereich zu neuen Bewertungen und Entwicklungen geführt. Inzwischen wurde bereits eine große Anzahl „Windkraftwerke" – allerdings mit vergleichsweise kleinen Leistungen – gebaut und der erzeugte elektrische Strom meist in öffentliche Netze eingespeist. Da insgesamt schon eine beachtliche Anzahl in Betrieb ist, werden damit in den

Kraftwerken die Verbrennung und die Bildung der Schadgase bereits merkbar reduziert.

Die junge Technik der Windkraftwerke wurde in den letzten Jahren ständig weiterentwickelt. Zu erwarten ist, dass diese Anlagen in verschiedener Hinsicht noch verbessert werden.

Jedoch gibt es schwerwiegende wirtschaftliche Nachteile. Ein wesentlicher Punkt ist, dass die Anlagen nicht ständig Strom erzeugen können, denn Wind bläst nicht immer und ohne Wind funktionieren sie nicht. Eine elektrische Vollversorgung allein mit derartigen Kraftwerken ist deshalb nicht möglich.

Dies schmälert den ökonomischen Wert des in Windkraftwerken erzeugten Stromes. Die Problematik ist bekannt und kann mit Speicherkraftwerken überbrückt werden. Die Kapazität derartiger Anlagen ist jedoch begrenzt und wird durch billigen Nacht- und anderen Überschussstrom heute schon weitgehend genutzt.

Da der mit Wind erzeugte Strom zurzeit noch nicht konkurrenzfähig ist, wurde diese Technik wegen der Vorteile für das Klima vom Staat subventioniert.

Mittel- und langfristig ist zu erwarten, dass sich diese Situation verbessert. Ziemlich sicher ist, dass die Preise für die fossilen Brennstoffe weiter steigen werden. Als Folge wird der damit erzeugte Strom teurer. Der „Preis" des Windes ändert sich hingegen nicht.

Gelegentlich bläst er jedoch in dem Moment sehr kräftig, wenn das allgemeine Stromnetz stark belastet ist und teurer Spitzenstrom benötigt wird. Viele Industriebetriebe brauchen zeitweise infolge von Störungen oder aus anderen Ursachen gerade in solchen Zeiten mehr Strom, als mit ihrem Stromlieferanten maximal vereinbart wurde. Für den überschießenden Bedarf müssen hohe Zuschläge bezahlt werden. In manchen Fällen könnte Strom aus Windkraftwerken helfen. Das setzt allerdings voraus, dass ein jederzeit frei funktionierender Markt für elektrische Energie besteht.

Gegenwärtig ist diese Technik für große Anlagen ohne staatliche Unterstützung nicht wirtschaftlich. Wenn sich die Konkurrenzsituation entscheidend verbessern würde und ein echter Wettbewerb entsteht, sind neue Impulse für die Entwicklung und die Gestaltung des gesamten Umfeldes zu erwarten. Dies schafft Arbeitsplätze und zusätzliche Verdienstmöglichkeiten.

Große Windkraftanlagen verändern den optischen Eindruck und die Wirkung der Landschaft – unter anderem durch die Geräuschentwicklung – auf die im Aufstellungsbereich Lebenden. Ungeklärt ist noch, in wieweit die Psyche der Menschen negativ beeinflusst wird.

Für die Herstellung der Anlagenteile, Transporte und Montagen wird Energie verbraucht. Durch den späteren Betrieb der fertigen Anlagen wird dies mehr als ausgeglichen. Außerdem werden aus den begrenzten irdischen Vorräten Rohstoffe entnommen. Für das hierfür Benötigte scheint in absehbarer Zeit kein Mangel zu bestehen.

Kleine Windkraftanlagen werden bereits für viele Zwecke als Antrieb genutzt – beispielsweise Pumpen zur Wasserversorgung von Viehweiden, Bewässerung von Feldern und kleine Generatoren, häufig in Verbindung mit Pufferbatterien, zur Stromversorgung abgelegener Häuser oder anderer Objekte. Meist leisten diese Anlagen einen nützlichen, aber leider nur geringen Beitrag im Kampf gegen den Klimawandel.

Die SOLARTECHNIK bietet vom Grundsatz her ähnliche Vor- und Nachteile wie die Windenergie.

Eine Vollversorgung ist ebenfalls nicht möglich, weil in den Solarzellen nur Strom erzeugt werden kann, wenn die Sonne scheint. Die Stromerzeugung ist also nur am Tag möglich. Die Leistung hängt außerdem davon ab, ob Wolken oder andere Einflüsse die Sonneneinstrahlung behindern.

Weit verbreitet sind inzwischen Minisolarzellen für die Stromversorgung von elektrischen Rechnern und anderen Kleingeräten. Im Wettbewerb mit Batterien oder Netzanschluss haben sich Solarzellen ein festes Marktsegment erobern können. Das hat allerdings für die hier untersuchte Problematik des Klimawandels wegen der winzigen Leistungen keine Bedeutung.

Die Stromerzeugung mit Solartechnik wird zunehmend für die Wärmeversorgung und Beleuchtung in Wohnhäusern und anderen Gebäuden eingesetzt und bietet damit einen kleinen, aber richtigen Beitrag im Kampf gegen den Klimawandel. Durch Kombination mit der bekannten elektrischen Nachtspeicherheizung und Warmwasserspeicherung kann die Wärmeversorgung in gut isolierten Gebäuden auch über Nacht sichergestellt werden, wenn die Solarzellen keinen Strom liefern können.

Mit Solarzellen sind auch sehr große elektrische Leistungen möglich. Benötigt werden zu ihrer Aufstellung als erstes ausgedehnte Flächen. Hierfür kommen bisher meist wenig oder gar nicht genutzte Wüstengebiete und andere Brachflächen in Betracht. Auch die Übertragung sehr hoher Leistungen zu den Verbrauchern ist schon beim heutigen Stand der Hochspannungstechnik problemlos möglich.

Eine internationale Zusammenarbeit über mehrere Kontinente könnte sogar eine Vollversorgung mit Solarstrom ermöglichen, da zu allen Zeiten in großen Gebieten auf der Erde die Sonne scheint. Das ist zwar eine ermutigende Zukunftsvision – jedoch ist zumindest sehr zweifelhaft, ob dies realisiert werden kann.

Bisher wurden mit finanziellen Beihilfen schon einige Solarstromanlagen etwas höherer Leistungen gebaut und geplant. Beachtliche Auswirkungen bezüglich der Klimaänderung hat dies derzeit noch nicht.

Der Übergang zu den benötigten Großanlagen erfordert eine Massenfertigung und mit Sicherheit noch erhebliche Entwicklungsschritte.

Nachstehend nur einige der zu klärenden Fragen:

– Kann die Technik noch wesentlich verbessert werden?
– Reicht die Rohstoffbasis?
– Wie weit lassen sich die Kosten für die Erzeugung von Solarstrom aus Großanlagen reduzieren?

Zusätzliche Probleme entstehen wahrscheinlich auch im Zusammenhang mit der Klärung politischer Fragen im Rahmen einer internationalen Zusammenarbeit.

Zur Zeit scheinen – leider – die Aussichten für eine Realisierung derartiger Lösungen sehr gering zu sein.

Grundsätzliche Vorteile bietet die Nutzung der ERDWÄRME.

Damit kann geheizt und Strom erzeugt werden. Die dabei entnommene Energie führt zu einer Abkühlung des Erdreiches und wirkt somit direkt dem durch den unnatürlichen

Klimawandel verursachten Temperaturanstieg entgegen und würde zielgenau diese Problematik lösen können.

Inzwischen gibt es eine beachtliche Zahl derartiger Anlagen. Aufwand und Kosten sind – leider – im Vergleich zu den erreichten Ergebnissen sehr hoch.

Zur Beheizung von Gebäuden werden Bohrungen in tiefer liegende wärmere Erdschichten eingebracht und Wasser durchgepumpt. Das dort erwärmte Wasser dient dann zur Gebäudeheizung. Derartige Systeme sind nicht sehr kostenaufwendig, haben allerdings auch nur geringe Auswirkungen.

Etwas größere Wirkungen sind möglich, wenn zur Erwärmung Stollen in Steinkohlegruben in tieferen Erdschichten genutzt werden. Dies kann auch in stillgelegten – nicht mehr für den Abbau von Kohle eingesetzten – Bergwerken erfolgen.

Stromerzeugung mittels Erdwärme ist möglich, wenn in heißere Erdschichten vorgedrungen werden kann. Derartige Voraussetzungen sind vor allem in der Nähe von tätigen Vulkanen gegeben. Nach diesem Prinzip wurden Anlagen gebaut, bei denen jedoch ein besonderes Risiko besteht, wenn der genutzte Vulkan seine Aktivität sehr verstärkt oder ausbricht.

Bisherige Ansätze in diese Richtung haben keine wesentliche Verbesserung hinsichtlich der klimatischen Entwicklung gebracht.

Trotzdem sollen dieser Alternative einige weitere Gedanken gewidmet werden. Der sehr interessante und außerordentlich bedeutsame Aspekt ist, dass theoretisch mit der Erdwärme der Klimawandel aufgehalten oder sogar rückgängig gemacht werden könnte. Der irdische Energievorrat reicht hierfür aus und bleibt erhalten.

In der folgenden – utopischen – Betrachtung werden stichwortartig einige Gesichtspunkte einer solchen Lösung vorgestellt.

Zur Energieerzeugung werden nur noch klimaunschädliche Systeme eingesetzt. Die Verbrennung der Energierohstoffe Kohle, Erdöl und Erdgas wird eingestellt. Auf Basis der Erdwärme wird in kombinierten Anlagen Wärme und elektrische Energie erzeugt. Hierfür gibt es allerdings bisher auch im Ansatz noch keine geeigneten technischen Lösungen.

Elektrische Antriebe sind bereits heute für zahlreiche Aufgaben und darunter auch überwiegend im schienengebundenen Verkehr im Einsatz.

Die gesamten übrigen Fahrzeuge müssten ebenfalls mit Elektromotoren angetrieben werden, was eine umfangreiche Umgestaltung vieler Verkehrsmittel erfordern würde, jedoch grundsätzlich machbar scheint.

Die entnommene Energie würde die Erde abkühlen und damit den oberirdischen Temperaturanstieg ausgleichen.

Das alles ist nur eine faszinierende Utopie, aber im Verlauf der Menschheitsgeschichte sind manchmal auch Utopien Wirklichkeit geworden.

Vielschichtige Diskussionen ergeben sich aus den Möglichkeiten und Problemen der

KERNTECHNIK.

Inzwischen arbeitet eine beachtliche Zahl von Atomkraftwerken mit hohen elektrischen Leistungen zufriedenstellend. Da hierbei kaum klimaschädliche Gase entstehen, leistet dies schon einen wirksamen Beitrag zur Abschwächung des Klimawandels.

Die Technik birgt allerdings bei unvorhergesehenen Vorgängen das Risiko außerordentlich gefährlicher Explosionen. Dies hat der Reaktorunfall in Tschernobyl sehr beängstigend mit vielen Toten und verkrüppelten Menschen vorgeführt. Zusätzlich gibt es Befürchtungen, dass auch im Zusammenhang mit normalen Betriebsvorgängen negative Wirkungen durch radioaktive Strahlung auftreten. Als Gegenmaßnahme wurde in den Atomkraftwerken ein sehr hoher Sicherheitsstandard realisiert. Trotzdem können naturgemäß gefährliche Störungen nicht vollkommen ausgeschlossen werden.

Die Einstellung der Bevölkerung zur nuklearen Stromerzeugung ist außerordentlich unterschiedlich. Sie reicht von totaler Ablehnung bis hin zu uneingeschränkt positiver Zustimmung.

Das weitere Vorgehen in diesem Bereich ist zurzeit von einer Art Kompromiss geprägt. Die bestehenden Atommeiler sollen nach Möglichkeit bei Abwägung der Risiken noch betrieben werden, um Zeit für das Wirken der anderen gegen den Klimawandel eingeleiteten Maßnahmen zu gewinnen.

Eine Dauerlösung kann die Technik der jetzt betriebenen Atomkraftwerke sowieso nicht bieten. Als „Brennstoff" werden radioaktive hochmolekulare Substanzen benötigt, die durch Kernspaltung Energie erzeugen. Da diese Stoffe auf unserer Erde ebenfalls nur begrenzt verfügbar sind, ist damit ein Ende des Einsatzes dieser Technik vorherbestimmt.

Der Vollständigkeit halber sei noch eine andere Art der Kerntechnik erwähnt, die in der Lage wäre, den Energiebedarf der Menschheit praktisch unbegrenzt zu befriedigen:

KONTROLLIERTE FUSION VON WASSERSTOFFATOMEN.

Dieses Basiselement ist auf der Erde reichlich verfügbar.

Das Verfahren findet ständig auf der Sonne statt und liefert durch die Sonnenstrahlung die Grundlage für alles Leben auf unserem Planeten.

Es ist außerordentlich schwierig, die notwendigen Rahmenbedingungen auf der Erde herzustellen. Mit erheblichem Aufwand wurden Versuchsanlagen gebaut, um zunächst Teilprobleme zu lösen. Nach den bisher bekannt gewordenen Informationen wurden Teilfortschritte erzielt. Ein echter Durchbruch scheint schwierig und vielleicht auf der Erde gar nicht erreichbar.

Auch für diese Technik würden sich schließlich wieder Fragen nach den Risiken durch Explosion und Strahlung stellen.

8.3 Maßnahmen mit BEEINTRÄCHTIGUNG DER LEBENSMITTELVERSORGUNG

Zunehmend werden für den Antrieb von Fahrzeugen „Biokraftstoffe" eingesetzt. Dies war zunächst nur ein motortechnisches Problem und ist anscheinend weitgehend gelöst. Die Pflanzen, aus denen diese Kraftstoffe hergestellt werden, wachsen auf Feldern, die dadurch für die Lebensmittelversorgung nicht mehr zur Verfügung stehen.

Lange Tradition hat die Nutzung der Wasserkraft von Flüssen und Bächen in kleineren Anlagen. In steigendem Umfang werden heute durch Kraftwerke in Verbindung mit Stauseen beachtliche Leistungen erbracht. Besonders in Gebirgsgegenden und öden Gebieten ist dies häufig ohne nennenswerte Einschränkung der Erzeugung von Nahrungsmitteln möglich.

Ein wesentlich unangenehmerer Einfluss ergibt sich, wenn für das Aufstauen des Wassers große landwirtschaftliche Flächen geopfert werden. Beispielsweise gibt es in China ein Projekt, sogar ca. eine Million Menschen hierfür umzusiedeln.

Allgemein gilt, dass jedwede Fremdnutzung von für die Nahrungserzeugung geeigneten Flächen und Böden natürlich die Versorgungsmöglichkeiten mit Nahrungsmitteln einschränkt.

China hat ein sehr großes Aufforstungsprogramm gestartet. Dies scheint zunächst ein geeigneter Schritt im Kampf gegen den Klimawandel zu sein. Doch auch hierbei müssen wichtige Kriterien beachtet werden.

Soweit Flächen genutzt werden, die auch zur Erzeugung von Nahrungsmitteln brauchbar sind, entsteht wieder der dargelegte

BASISKONFLIKT zwischen KLIMASCHONUNG
und NAHRUNGSMITELERZEUGUNG

Zusätzliche Schwierigkeiten bereitet außerdem die Auswahl geeigneter Gehölze für die Aufforstung. Zu diesem Thema liegen aussagefähige Langzeiterfahrungen vor. Leider liefert dieses Wissen keine zuverlässigen Erkenntnisse, wie und ob Gehölze bei den sich ständig weiter ändernden klimatischen

Bedingungen – Temperaturen, Feuchtigkeit in Boden und Luft, höhere Windgeschwindigkeiten und verschobene Jahreszeiten –zufriedenstellend gedeihen können.

Auch die in der heutigen Situation gewonnenen Einsichten helfen nicht weiter, weil der Klimawandel aufgrund der bereits in der Vergangenheit durchgeführten klimaschädlichen Maßnahmen zwangsläufig fortschreiten wird.

8.4 Spezifische Einflüsse bei der Verwendung von ERDÖL und ERDGAS

Diese beiden Energierohstoffe aus den Bodenschätzen haben in mehrfacher Hinsicht eine besondere Bedeutung:

1. Erdgas und Erdöl können mit vergleichsweise geringem Aufwand als Brennstoff eingesetzt werden.

2. Sie bilden eine Basis für die Herstellung hochwertiger Kraftstoffe, die in unterschiedlichen Anlagen über einen weiten Leistungsbereich genutzt werden können. Auch dabei ist der erforderliche Aufwand – gemessen an den damit erzielbaren Ergebnissen – sehr gering.

3. Die Kosten für die Gewinnung von Erdöl und Erdgas sind im Vergleich zu dem vom Abbau der Kohle meist Notwendigen ebenfalls niedrig. Ein Hauptanteil der Kosten entsteht durch die Suche nach den Lagerstätten und die durchgeführten Bohrungen. Dann sprudelt es meist von allein. Die dabei entstehenden Personalkosten sind nur untergeordnet.

4. Eigentum und Nutzungsrechte der Lagerstätten stellen ungewöhnlich hohe Vermögenswerte und Machtmittel dar, die zur Durchsetzung besonderer und auch persönlicher Ansprüche eingesetzt werden.

5. Die in der Erde gespeicherten Vorräte von Erdöl und Erdgas sind naturgemäß begrenzt und die Erschöpfung ist abzusehen. Selbst das wird nicht zwangsläufig den unnatürlichen Klimawandel verlangsamen und letztendlich beenden. Zunächst kann dann auf die noch länger reichenden Kohlevorräte zurückgegriffen und aus diesen hochwertige Kraftstoffe hergestellt werden. Diese Technik wurde schon im vierten Jahrzehnt des 20. Jahrhunderts in Deutschland entwickelt. Außerdem können zusätzlich Ölschiefer zur Erzeugung brauchbarer Treibstoffe dienen.

Wenn sich der Ablauf in diesem Rahmen fortsetzt, werden die Grundlagen für das Leben auf unserem Planeten durch die fortschreitende Beeinflussung des Klimawandels immer weiter verändert und zerstört.

8.5 Möglichkeiten zum Anhalten und Umkehren des Klimawandels

Als wesentliche Ursache des Klimawandels sind inzwischen weitgehend die der Atmosphäre zugeführten „thermischen Schadgase" erkannt. Eine Lösung des Problems wäre vorstellbar, wenn diese Gase daraus wieder entfernt würden. Für das Umkehren des Klimawandels müssten sogar mehr Gase abgeschieden als jetzt ständig noch zugeführt werden.

Bisher sind keine brauchbaren Lösungsvorschläge für die Gesamtproblematik bekannt geworden.

Erste Gedanken und Ansätze in dieser Richtung gibt es für Großkraftwerke. Dabei sollen die bei der Verbrennung erzeugten Schadgase ausgefiltert, ein Austritt in die Atmosphäre verhindert und anschließend in unterirdischen Speichern eingelagert werden. Eine Lösung dieser Problematik ist das natürlich nicht. Abgesehen von den noch nicht geklärten technischen Entwicklungsproblemen würde damit nur eine sehr begrenzte Verlangsamung des Klimawandels bewirkt.

9. Störung des biologischen Gleichgewichtes auf der Erde

Die Archäologie hat zu diesem Thema interessante Hinweise geliefert. Vor langer Zeit gab es auf der Erde eine Periode mit im Vergleich zu den gegenwärtigen Verhältnissen sehr hohen Temperaturen und dementsprechenden klimatischen Bedingungen. In dieser Zeit gedieh eine äußerst üppige Vegetation und die hierzu „passende" Tierwelt. Das biologische Gleichgewicht allen Lebens war entscheidend vom Klima beeinflusst und geprägt.

Auch diese Periode war vergänglich. Die Umweltbedingungen änderten sich und neuartiges pflanzliches und tierisches Leben entwickelte sich in einer – für menschliche Maßstäbe – extrem langen Zeit mit immer wieder sich wandelnden biologischen und ökologischen Gleichgewichten. Manches Alte konnte mit der Umwelt nicht mehr zurechtkommen, sodass ein Überleben der Art nicht möglich war. Bekanntes Beispiel sind die Dinosaurier, die schon lange nicht mehr existieren.

An dieser Stelle soll nicht darauf eingegangen werden, was damals die Klimaänderung ausgelöst hat. Entscheidende Erkenntnis für unsere heutige Situation ist, dass durch das Klima jedes Leben entscheidend beeinflusst und geprägt wird. Alles Lebendige ist miteinander, gegeneinander und füreinander durch ein engmaschiges Beziehungsgeflecht verwoben und voneinander abhängig. Wir können allerdings nicht übersehen, welche Verknüpfungen für das Fortbestehen einer bestimmten Art notwendig sind.

Auf der Erde gibt es Gebiete mit recht unterschiedlichen Umweltbedingungen. Beispielsweise hat sich in den Urwäldern eine speziell aufeinander bezogene Pflanzen- und Tierwelt entwickelt. Auch dort gibt es biologische Gleichgewichte, die den Ablauf bestimmen und andere Lebewesen ausgrenzen. Viele Pflanzen und Tiere, die in anderen Regionen prächtig gedeihen, sind deshalb in Urwäldern nicht zu finden.

Im Gebirge entwickeln sich in Abhängigkeiten von der Höhenlage unterschiedliche biologische Gefüge. Zum Beispiel gedeihen das bekannte „Edelweiß" und die „Alpenrosen" nur in eng eingegrenzten Höhenbereichen. Viele Pflanzen aus dem Flachland wachsen dort nicht.

Ein interessantes Beispiel sind auch die Gemsen. In Körperstruktur, Laufgeschwindigkeit und mit ihren Fresswerkzeugen besitzen sie ähnliche Voraussetzungen für einen Aufenthalt im Flachland wie dort lebende Tiere. Sie dringen im Winter zeitweise in diese Richtung vor, bleiben jedoch nicht. Hier können sie anscheinend nicht leben und Nachkommen aufziehen, weil die Umwelt nicht für sie passt.

In Polarregionen leben Eisbären. Das sind kräftige Tiere, die kaum tierische Gegner haben. Trotzdem dringen sie nicht in benachbarte Gebiete vor, was aufgrund ihrer Körpergröße und Denkfähigkeit sehr leicht möglich wäre.

Ein weiteres Beispiel sind Zugvögel. Vor Einbruch des Winters verlassen sie Europa und fliegen mehrere tausend Kilometer weit in südliche Länder. Im Frühjahr kehren sie zur Paarung und Aufzucht der Nachkömmlinge über die gleiche Entfernung wieder zurück. Sie brauchen offensichtlich für ihre verschiedenen Lebensaufgaben jeweils ein anderes biologisches Gefüge.

Weitgehend ungeklärt ist bisher die Bedeutung von Kleinlebewesen und Mikroorganismen für diese Gleichgewichte.

Zunächst erscheinen die Weltmeere als stabilisierender Faktor. Doch auch dort ist das biologische Gleichgewicht zunehmend bedroht.

Der höhere Kohlendioxidgehalt der Atmosphäre hat bereits die Gasanteile in den Meeren erhöht. Sie werden dadurch sauer. Das gefährdet die Existenz von Schnecken, Muscheln und Korallen, die in Kalkgehäusen leben, welche von der Kohlensäure angegriffen werden und sich letztlich auflösen. Damit ist ein wichtiger Teil der Nahrungskette in den Ozeanen bedroht. Schnecken und Muscheln bilden die Nahrung für viele Fische[2], die wiederum Bestandteil der menschlichen Ernährung sind.

Der Klimawandel erfolgt sehr rasch und beschleunigt sich noch. Wie in Kapitel 3 dargelegt, ist in der jetzt vergleichsweise nur sehr kurzen zur Verfügung stehenden Zeit die natürliche Entwicklung von neuartigen Pflanzen und Tieren für ein Leben in den veränderten Umweltbedingungen meist überhaupt nicht oder nur außerordentlich begrenzt möglich.

Menschen führen in Verfolgung ihrer individuellen Zielsetzungen zahlreiche Maßnahmen durch, die das irdische System aus dem Takt bringen und dabei übermäßig belasten. Nachstehend werden hierzu einige Beispiele aufgezählt.

Weltweit werden in zunehmendem Umfang bauliche und andere Maßnahmen für menschliche Bedürfnisse und Wünsche durchgeführt:

— Straßen- und Schienennetze, Autobahnen, Kanäle und Häfen, Flughäfen, Brücken, Geschäfts-, Büro- und Wohnhäuser, Stadien, Restaurants, Parkanlagen, Vergnügungsstätten und anderes mehr,

---

[2] dpa – Meldung v. April 2008

- Abwicklung eines umfangreichen Verkehrsvolumens mit von Maschinen angetriebenen Fahrzeugen, Schiffen, Eisenbahnen und Flugzeugen,

- Bau und Betrieb von Fabrikanlagen zur Erzeugung von Verbrauchsgütern unterschiedlichster Art,

- Ausrichtung und Umgestaltung der Pflanzen- und Tierwelt zur Erzeugung von Nahrung und Genussmitteln, Getreide und andere Nutzpflanzen mit günstigem Ertrag und Geschmack,

- Umgestaltung der Landschaft nach menschlichen Schönheitsvorstellungen,

- Züchtung von Rindern mit hohem Milchertrag und anderen Qualitätsmerkmalen, Pferde für sportliche Aufgaben, spezielle Hunderassen nur zur Unterhaltung.

Viele Züchtungen sind weniger robust, auf ständige menschliche Betreuung angewiesen und allein schlecht oder gar nicht mehr lebensfähig.

Dies alles schränkt den Lebensraum der Pflanzen und Tiere zusätzlich immer weiter ein. Nach neueren Untersuchungen hat die Anzahl vieler – von Menschen unabhängig – wild lebender Tiere schon sehr stark abgenommen. Über zehntausend Arten sind vom Aussterben bedroht.

Der schnelle Wandel des Klimas in Verbindung mit den übrigen Einflüssen hat die Umweltbedingungen bereits heute erheblich verändert. Dabei setzt sich dieser Prozess beschleunigt fort. Alle Regionen auf unserer Erde sind davon betroffen, wenngleich unterschiedlich stark.

Die einzelnen Tierarten haben differenzierte Lebens- und Reaktionssysteme auf die neue Situation. Einige werden in der Lage sein, ihre Lebensbedürfnisse in der bisherigen Region zu befriedigen. Andere können zum Überleben in neue Gebiete ausweichen.

Dies allein genügt jedoch nicht zur Erhaltung der Art, Nachkommen sind erforderlich. Hierfür müssen unabdingbare Voraussetzungen weiterhin vorhanden sein:

— kräftiger Drang zur Paarung und Fähigkeit zur Zeugung,
— Wachstum der Nachkommen vor und nach der Geburt,
— Hilfe der Eltern bis zur Selbstständigkeit der Jungen,
— zumindest zeitweilige Priorität dieser Aktivitäten der Eltern.

Insbesondere bei den weiter entwickelten Arten ist eine große Zahl der Neugeborenen zunächst völlig hilflos und hat ohne Unterstützung keine echte Chance zum Überleben.

Hierzu einige typische Beispiele:

Viele Vogelarten bauen für die Eiablage ein Nest. Die Eier werden – häufig von beiden Partnern – mit eigener Körperwärme bis zum Ausschlüpfen temperiert. Die Jungvögel werden anschließend für eine begrenzte Zeit mit Nahrung versorgt, vor Feinden geschützt und mit Verhaltensweisen für ein selbstständiges Leben ausgerüstet.

Bei Säugetieren gibt es sinngemäß ähnliche Zusammenhänge mit weiteren Verknüpfungen. Das Heranschaffen fremder Nahrung ist nur ein Notbehelf. Das Muttertier spendet als natürliches Lebenselixier die in ihrem eigenen Körper „produzierte" Milch. Ein Weiterleben der Art ist nur möglich, wenn die Tiereltern ihre komplexe Verhaltensweise auch unter den durch Störung des biologischen Gleichgewichtes veränderten Umwelt- und Lebensbedingungen beibehalten. Dies ergibt sich keineswegs zwangsläufig und scheint häufig sogar sehr gefährdet.

Als Voraussetzung für das Leben der Nachkommen gibt es so eine zusammenhängende Funktionskette. Der Ausfall nur eines Gliedes kann genügen, um Nachkommen zu verhindern.

Ein eindrucksvolles Beispiel für die Wirkung einer Störung des biologischen Gleichgewichtes liefern Vorgänge in Tiergärten. Einige Raubtiere bekommen dort keinen Nachwuchs und töten sogar manchmal den zeugungsbereiten Partner, obwohl sie mit Trinken und Nahrung reichlich versorgt und vor anderen negativen Einflüssen geschützt sind, also nach menschlichen Maßstäben ein „angenehmes" Leben führen.

Nur durch zusätzliche menschliche Eingriffe gibt es selten doch Nachkommen, was dann oft weltweit als besonderer Erfolg gefeiert wird.

Von Bedeutung ist auch, dass zum Erhalt der Art ein Überschuss da sein muss, damit unvermeidliche Verluste ausgeglichen werden.

Vielfach wird durch Eingriffe – Besiedlung, Land- und Forstwirtschaft, Wasserbau sowie Verschmutzung – der Lebensraum von Tieren unmittelbar vernichtet.

Zusätzliche Gefahren drohen durch biologische Invasion von in der Region unbekannten Tieren und Krankheitserregern mittels Seefahrt, Luft- und anderen Verkehrsmitteln.

Für Pflanzen gelten ähnliche, nur etwas einfachere Gesetze als für Tiere. Ausweichen in andere Regionen wird jedoch selten gelingen.

Eine große Zahl der Arten wird nach kurzer oder längerer Zeit verschwinden. Zu befürchten ist, dass sich der irdische Artenreichtum von Pflanzen und Tieren in Zukunft noch erheblich weiter reduzieren wird, wobei wir oft nur zu einem geringen Teil die Faktoren kennen, die dabei wirksam sind. In begrenztem Umfang können Menschen durch Züchtung und andere Methoden die natürlichen Abläufe beeinflussen, was insgesamt wahrscheinlich nur wenig ändern kann.

Auch das menschliche Leben hat sich verändert. Verglichen mit früheren Zeiten konnte für immer mehr Menschen eine ausreichende Versorgung mit Nahrung erreicht und auch die medizinische Betreuung im Zusammenhang mit Forschungen wesentlich erweitert und verbessert werden. Dadurch stieg das mittlere Lebensalter in den letzten Jahrzehnten an, nicht deutlich erhöht hat sich das maximal erreichte Alter.

Der „mittlere Gesundheitszustand" der Menschheit ist anders geworden. Es gibt immer weniger sogenannte „kerngesunde" Menschen, die gar keine oder nur sehr selten ärztliche Betreuung benötigen.

Wichtige Organe haben häufig Störungen, die das Leben stark beeinträchtigen, oft direkt gefährden oder beenden. Betroffen sind vor allem: Herz und Kreislauf, Adern, Nieren, Leber, Lunge, Gehirn, Nervensysteme, Gelenke, Muskeln, Augen und Haut.

Zunächst wurde als Ursache für die starke Zunahme der Krankheiten häufig pauschal das jetzt höhere Lebensalter angesehen. Diese Erklärung hält jedoch einer Überprüfung nicht stand.

Das mittlere Lebensalter ist zwar ständig angestiegen, aber nur langsam und um „wenige" Jahre. Der Vorgang hat sicher die Entwicklung in dieser Richtung beeinflusst. Unmöglich erscheint, dass das allein oder hauptsächlich die Ursache ist für die eingetretene Vervielfachung der Krankheiten. Hierbei muss anderes entscheidend mitwirken.

In diese Richtung weisen auch Beobachtungen in Kindheit und Jugend.

Krebswucherungen verbreiten sich sogar auch bei jüngeren Menschen nach kleinen Anfängen oft im gesamten Körper. In manchen Gebieten leiden über 10 Prozent der Kinder bereits unter Asthma. Zusätzlich treten immer wieder bis dahin unbekannte Krankheiten auf.

Vermutlich ist das bereits der Anfang von Auswirkungen der beginnenden Störung des biologischen Gleichgewichtes auf die Menschheit.

Das UN-Umweltprogramm (UNEP) hat im April 2008 in Singapur eine Studie zur Artenvielfalt veröffentlicht, die ebenfalls diese bedenkliche Entwicklung berührt: Der Verlust der Lebensräume, die Zerstörung und Schwächung der Ökosysteme, Umweltverschmutzung, Ausbeutung und Klimawandel zehren am Naturkapital des Planeten, einschließlich der medizinischen Schatzkiste, die in der Artenvielfalt verborgen ist.[3]

Der Aufwand für die Behandlung der Krankheiten hat sich in den letzten Jahrzehnten vervielfacht. Dank der sehr beachtlichen Fortschritte der Medizin werden hierbei weiterhin und noch zunehmend eindrucksvolle Erfolge erzielt.

---

[3] dpa – Meldung v. 24.04.2008

Besonders in den industriell hoch entwickelten Ländern haben sich die Lebensumstände der Menschen in mehrfacher Hinsicht beträchtlich geändert.

Beanspruchung und Belastungen des menschlichen Körpers sind in wichtigen Bereichen deutlich vermindert. Privates und berufliches Leben findet im Winter und den Übergangszeiten vorwiegend in beheizten und klimatisierten Räumen und bei „angenehmen" Temperaturen statt. Bei Aufenthalt außerhalb schützt verbesserte Kleidung vor Kälte, Hitze, starker Sonneneinstrahlung, Wind, Sturm, Regen, Schnee und Hagel. Dadurch werden die körpereigenen Abwehrsysteme immer weniger gefordert und verkümmern zwangsläufig entsprechend den Lebensgesetzmäßigkeiten. Die Zahl der Erwerbstätigen, die insgesamt beruflich geleistete Arbeitszeit und der Zeitbedarf für die Regelung der persönlichen Verrichtungen haben sich oft stark vermindert. Dadurch haben zahlreiche Menschen erheblich mehr frei verfügbare Zeit.

Diese wird „genutzt", um als Zuschauer bei Sportveranstaltungen direkt oder über entsprechende Fernsehberichte „teilzunehmen". Außerdem bieten die Medien eine Unzahl Sendungen zur Unterhaltung. Bei den meisten dieser Vorgänge ist der Betrachter lediglich passiver Teilnehmer ohne eigene Handlungen. Kritische Bewertungen unterbleiben. Da immer mehr Zeit dafür aufgewendet wird, ergibt sich ein weiter wachsender Einfluss auf die menschlichen Gedanken und Verhaltensstrukturen.

Für die Abwicklung beruflicher und privater Aufgaben werden zunehmend elektronische Systeme eingesetzt, die Gedankenarbeit erleichtern oder ersetzen sollen. Dies reduziert das eigene „Gehirntraining" und schafft eine zusätzliche Abhängigkeit.

In privatwirtschaftlichen Unternehmen besteht naturgemäß ein Gegeneinander zwischen Eigentümern/ Geschäftsleitung einerseits und der Belegschaft andererseits. Ein Miteinander entsteht durch Unternehmenszielsetzungen, deren Erreichung für alle Beteiligten Vorteile erbringt. Ergänzt wird dies durch zwischenmenschliche Beziehungen mit einem Füreinander. Speziell der letzte überaus wichtige Zusammenhang geht in vielen und dabei verstärkt in sehr großen Unternehmen immer mehr verloren. Häufig werden Entscheidungen von Einzelnen oder kleinen Gruppen nur noch am Eigeninteresse orientiert. Schwerwiegende Auswirkungen – auch auf viele negativ Betroffene – werden oft nicht mehr berücksichtigt.

Auch dieser Wandel im Umgang der Menschen miteinander ist eine Folge von Störungen des biologischen Gleichgewichtes.

10. Globale Labilität politischer und wirtschaftlicher Systeme

Die Globalisierung hat viele Entwicklungen wesentlich beeinflusst und geprägt.

Stark betroffen ist die Herstellung von Verbrauchsgütern. Immer größere Fabrikationseinheiten wurden geschaffen mit der Zielsetzung, die Herstellungskosten zu minimieren und den Gewinn des produzierenden Unternehmens zu maximieren. In der Regel wird dann für das einzelne Erzeugnis weniger Arbeitsaufwand und Personal benötigt. Außerdem verschärft sich die Konkurrenz durch niedrigere Stundenlöhne besonders in Ländern mit vielen Arbeitskräften.

Dies hat dazu geführt, dass zahlreiche, kleinere Massenprodukte herstellende Firmen sich nicht mehr im Markt behaupten konnten, schließen mussten und ihre Mitarbeiter arbeitslos wurden. Durch diese Vorgänge ist die Situation für weitere Hersteller und die dort Beschäftigten immer labiler geworden.

Arbeitslose erhalten teilweise Unterstützung vom Staat sowie Hilfen bei Umschulung und Stellenvermittlung.

Die Schwierigkeiten kleinerer Betriebe lösen nur selten zusätzliche staatliche Aktivitäten aus. Der Zusammenbruch von Großunternehmen veranlasst jedoch zunehmend staatliche Organe zum Eingreifen. Politiker nehmen dann häufig Einfluss auf die Geschäftsführungen, die ihrerseits auch auf staatliche Gremien einwirken.

Etliche Unternehmen sind inzwischen enorm gewachsen und in verschiedenen voneinander unabhängigen Staaten tätig. Dadurch entziehen sie sich insgesamt zunehmend der staatlichen Aufsicht und erschweren zudem eine sachgerechte Besteuerung. Wenn ein solcher Mammutkonzern zusammenbricht, sind deshalb staatliche Hilfsmaßnahmen außerordentlich schwierig zu koordinieren, häufig sogar ganz unmöglich oder werden gezielt ausgenutzt. Dies ist ein zusätzlicher globaler Labilitätsfaktor.

Durch die Erfahrungen mit den Wirtschaftskrisen in den letzten hundert Jahren haben staatliche und andere Institutionen Methoden entwickelt, gegenzusteuern und Auswirkungen zu begrenzen. Unter anderem hat dies in zahlreichen wirtschaftlich weit entwickelten Staaten zu einer wachsenden Staatsverschuldung geführt. Dabei ist erkennbar, dass die bisherige Vorgehensweise nicht beliebig lange fortgesetzt werden kann.

Die Bewältigung der Wirtschaftsprobleme erfordert angesichts der globalen Verknüpfung eine intensive weltweite Zusammenarbeit und deutlich über das bisherige Vorgehen hinaus umfassende Maßnahmen. Die bisher entwickelten Ansätze werden nicht genügen. Durch das Fehlen der erforderlichen Voraussetzungen und geeigneter Konzeptionen werden die wirtschaftlichen Strukturen immer labiler.

Hinzu kommt, dass die zunehmende Firmengröße an sich schon ein zusätzliches instabiles Element darstellt. Entscheidungen über die Organisation, Produktgestaltung und Vertriebswege haben häufig schwerwiegende Auswirkungen für die beschäftigten Mitarbeiter in den Firmen selbst, aber auch in der umgebenden Unternehmenslandschaft mit oft zehntausenden Arbeitslosen.

Viele Menschen haben jahre- und teilweise jahrzehntelang in diesen Firmen gearbeitet und ihre Aufgaben verantwortungsbewusst und erfolgreich erfüllt. Trotzdem geht plötzlich der Arbeitsplatz verloren. Dies wird von den Betroffenen meist als extreme Abwertung der eigenen Leistung und Persönlichkeit empfunden. Der Ablauf und das Sinnverständnis des eigenen Lebens ändern sich tiefgreifend und umfassend. Beschädigt wird dabei leicht auch das Gefühl für Verpflichtungen gegenüber der Gesellschaft, zumal zunächst die Erhaltung des eigenen Lebensstandards am wichtigsten erscheint.

Insgesamt ändern sich derzeit ethische und moralische Vorstellungen bei vielen Menschen in völlig verschiedenem geistigen und moralischen Umfeld. Entsprechend differenziert entwickeln sich neue Wertbegriffe. Allgemein anerkannte Leitbilder fehlen. Vieles wird kritisch hinterfragt. Dies löst häufig grundsätzliche Verunsicherung und Orientierungslosigkeit aus.

Die wachsende Zahl der Betroffenen führt zwangsläufig zunehmend zu größeren Störungen in wirtschaftlichen und politischen Abläufen und damit weiterer Verstärkung der labilen Einflüsse.

In höher entwickelten Staaten werden verschiedenartige Versorgungssysteme geschaffen, um möglichst umfassend wirtschaftliche Not zu lindern und außerdem Menschen vor Auswirkungen von Vorgängen zu schützen, die von den Betroffenen oft nicht verschuldet waren oder die sie nicht durch eigene Aktivitäten verhindern konnten. Mit zunehmender Anzahl solcher Abläufe wächst die Zahl derjenigen, die staatliche Hilfe in Anspruch nehmen.

Viele haben durch frühere Berufstätigkeit eigene Rücklagen gebildet und Rentenansprüche erworben, um sich auch im Ruhestand einen befriedigenden Lebensstandard zu erhalten.

Dieses zunächst funktionierende und positive System zeigt zunehmend Schwächen.

Eine übergreifende Problematik ist durch das gestiegene

durchschnittliche Lebensalter entstanden. Dadurch wird das Verhältnis der Zahl der Arbeitenden zur Anzahl der nicht mehr Erwerbstätigen immer kleiner.

Um diese verhängnisvolle Entwicklung aufzuhalten gibt es Überlegungen, das Eintrittsalter in den Ruhestand zu erhöhen. Dies stößt jedoch mehrfach an Grenzen: Der Bedarf für zusätzliche Arbeitskräfte fehlt. Außerdem lässt vielfach der Gesundheitszustand der älteren Menschen in Betracht kommende Tätigkeiten nicht mehr zu.

Die an staatliche Rentenversicherungen geleisteten Beiträge wurden in der Vergangenheit häufig nicht zur Deckung der späteren Rentenansprüche zurückgelegt, sondern relativ schnell zur Versorgung der Altrentner und für die Belebung der Wirtschaft sowie andere Zwecke ausgegeben. Sehr ähnlich ist die Situation bei den Beamtenpensionen, für die ebenfalls keine Deckung durch Rückstellungen gebildet wurde.

Generell stecken in vielen Versorgungssystemen erhebliche labile Unsicherheitsfaktoren.

Bargeldrücklagen erleiden durch fortschreitende Abwertung ständigen Substanzverlust, der zunächst durch geschickte Geldanlagen zumindest in erträglichen Grenzen gehalten werden kann, solange die Entwertung vergleichsweise gering bleibt. Eine Inflation führt fast immer zur vollständigen Vernichtung der Geldvermögen. Einen solchen Vorgang hat es bekanntlich nach dem ersten Weltkrieg gegeben.

Außerdem gibt es sonstige Einflüsse. Durch staatliche Hilfen zur Linderung von Not, für die Förderung gewünschter politischer Entwicklungen und aus sozialen Motivationen gibt es einen großen, ständig wachsenden Kreis von Menschen, die staatliche Zuwendungen erhalten. Besonders in demokratischen Staaten können diese Menschen auf das politische Geschehen und damit insbesondere im Eigeninteresse auf die Finanzgestaltung Einfluss nehmen mit der Zielsetzung, an die vom Staat Unterstützten mehr Mittel auszuschütten, Gedanken an die Erhaltung einer soliden staatlichen Finanzstruktur werden in den Hintergrund gedrängt. Die Entwicklung geht in vielen Staaten in diese Richtung. Eine Zerrüttung der Staatsfinanzen wird früher oder später Erschütterung der politischen Systeme auslösen. Die Vorgänge nach dem ersten Weltkrieg haben dies sehr deutlich vor Augen geführt.

Auch diese Abhängigkeiten verstärken die weltweite Labilität.

Das GELD ist inzwischen ein beherrschender Faktor für sehr verschiedenartige Abläufe geworden. Die ursprünglichen Aufgaben als Vergütung für Waren und Dienste haben sich immer mehr ausgeweitet. Inzwischen ist es ein unverzichtbares und umfassendes Hilfsmittel für die Abwicklung praktisch des gesamten wirtschaftlichen Geschehens und beeinflusst zusätzlich sehr viele auch andersartige Bereiche.

Geldscheine und- münzen haben an sich nur einen geringfügigen Wert. Trotzdem können damit Güter, Lebewesen, Dienste und sonstige Leistungen bezahlt werden.

Die entscheidende Voraussetzung für das Funktionieren dieses Systems beruht auf dem Glauben, dass Geld einen Gegenwert hat. Dies basiert einmal auf der jahrzehntelangen Erfahrung, dass mit dem Geld immer etwas bezahlt werden konnte. Zudem wird darauf vertraut, dass die zuständigen Institutionen alles Erforderliche unternehmen, um den Geldwert zu erhalten.

Diese Aufgabe wird im Allgemeinen von staatlichen Stellen wahrgenommen. Im Zuge der Globalisierung gibt es jetzt auch in diesem Bereich sehr viele internationale Verknüpfungen. Das scheint einerseits dieses System zu stabilisieren, offenbart jedoch gleichzeitig – wie in den letzten Jahren mehrfach erkennbar – zusätzliche Risiken für das davon entscheidend abhängige Funktionieren der Weltwirtschaft. Deshalb muss es als ganz wesentlicher labiler Faktor eingestuft werden.

Für den Betrieb von Versorgungssystemen und viele andere Zwecke wird elektrischer Strom eingesetzt, der überwiegend in oberirdischen – meist an hohen Gittermasten aufgehängten Kabeln – aus großen Entfernungen herangeführt wird. Diese Masten sind bei den durch den Klimawandel zu erwartenden extremen Unwettern besonders gefährdet und können leicht zusammenbrechen, was zu Stromausfällen führt und unangenehme Störungen verursacht: Zahlreiche elektronische Steuerungs- und Sicherungssysteme blockieren, die Wasserversorgung fällt aus, speziell moderne Heizungen und elektrisches Licht funktionieren nicht sowie viele andere Komplikationen können auftreten. Das ist ebenfalls ein bedeutsamer labiler Faktor.

Die rechtlichen Strukturen und der Lebensstandard sind in Erdteilen und auch einzelnen Ländern sehr unterschiedlich. Dies hat naturgemäß viele Menschen dazu gebracht, sich in andere Länder mit angenehmeren Lebensbedingungen zu begeben, um dort eine neue Heimat zu finden.

Solange es sich um Wenige handelte, traten nur begrenzt Probleme bei der Integration auf. Mit zunehmender Anzahl der Rassen und Herkunftsländer wurde dies schwieriger und löste z.B. 2005 in Frankreich bürgerkriegsähnliche Zustände aus, die ein beängstigendes Ausmaß erreichten.

Trotz dieser Schwierigkeiten sind bisher nur Vereinzelte in ihre Ursprungsländer zurückgekehrt. Anscheinend finden die meisten die Situation am neuen Wohnort immer noch besser als in der alten Heimat. Bisher gibt es anscheinend in vielen Ländern keine wirksamen Maßnahmen, um den Einwandererstrom zu stoppen oder für eine funktionierende – allgemein verträgliche – Integration zu sorgen. Diese Problematik schafft in einigen Ländern ebenfalls eine labile Situation.

Inzwischen werden weltweit zunehmend Computersysteme für die Lösung und Abwicklung vieler Aufgaben eingesetzt. Der verlockende Vorteil ist, dass sehr große Datenmassen problemlos und schnell verarbeitet werden können. Die mit guten Programmen ermittelten Ergebnisse sind normalerweise rechnerisch in Ordnung und werden deshalb ohne kritische Prüfung als richtig angesehen. Völlig in den Hintergrund gedrängt wird, dass Computerprogramme nur innerhalb bestimmter Grenzen richtige und zuverlässige Ergebnisse liefern. Besonders gefährlich ist, dass Computer systembedingt keinerlei Vernunftskontrolle durchführen und feststellen können, ob das Ermittelte überhaupt sinnvoll ist.

Programmergänzungen werden eingesetzt, um diese Lücke zu schließen. Sie sind in ihrer Wirkung jedoch grundsätzlich dadurch beschränkt, dass Computer an sich eben nicht „vernünftig" sind. Je komplizierter die Zusammenhänge, desto gravierender kann sich dieser Systemmangel auswirken, und verstärkt damit die Unsicherheit bei den von Computern bearbeiteten Vorgängen. Folgend werden einige Ereignisse betrachtet, die das sehr eindrucksvoll gezeigt haben.

Für weit entwickelte Militärtechniken werden komplizierte Computerprogramme eingesetzt, um Daten bereitzustellen und Vorgänge abzuwickeln. Diese Systeme sind in der

Regel gut abgeschirmt, um zu verhindern, dass ein Gegner interne Kenntnisse erhält und wirksame Gegenmaßnahmen ergreifen kann. Es ist jedoch bereits mehrfach vorgekommen, dass Unbefugte eingedrungen sind und geheime Informationen entnommen haben. Sogar das Militär der USA hat so etwas erlebt.

Natürlich werden nach solchen Vorfällen die Sicherheitssysteme verbessert und möglichst „vollständig" ergänzt. Dies nützt oft eine Zeit lang, bis wieder neue Wege gefunden werden, um unbefugt einzudringen. Alles deutet darauf hin, dass ein absoluter Schutz von Computersystemen grundsätzlich nicht möglich ist, da sie letztlich immer davon abhängig sind, was von Menschen eingegeben wurde, denn Computer selbst besitzen keine Vernunftskomponente.

Besonders gefährliche Auswirkungen können sich ergeben, wenn es Gegnern gelingt, in militärtechnischen Programmen Änderungen vorzunehmen. Dies kann im Extremfall dazu führen, dass die weit überlegene Militärtechnik mit entsetzlichen Auswirkungen gegen das eigene Land eingesetzt wird. Dadurch ist natürlich jede einseitige militärische Führungsrolle in Frage gestellt. Dies ist ein labiler Faktor mit weltweiter militärischer und politischer Bedeutung.

Menschliches Denkvermögen ist an sich nicht „absolut", was auch deutlich daran zu erkennen ist, dass selbst wichtige Erkenntnisse von anerkannten Wissenschaftlern, Forschern und Philosophen oft nach kurzer oder längerer Zeit Ergänzungen und teilweise totale Umwandlung erfahren haben.

Im Zuge der Globalisierung werden viele wirtschaftliche Vorgänge und der Geldverkehr über Computer abgewickelt. Derartige Abläufe sind den gleichen grundsätzlichen Mängeln dieser Technik ausgesetzt.

Nicht selten haben „Hacker" unberechtigt Geld für sich abgezweigt oder sogar länderübergreifend schwere Störungen verursacht.

Computerprogramme werden inzwischen in großem Umfang auch zur Abwicklung von Vorgängen an den Börsen der Welt eingesetzt. Gleiche oder ähnliche Programme liefern – ohne Berücksichtigung differenzierter Interessenlage – gleichartige Argumente für Kauf- oder Verkaufsentscheidungen. Dies hat häufig Kurstendenzen an den Börsen und damit die Weltwirtschaft unmittelbar und stark beeinflusst und dadurch labiler gemacht.

Das Finanzsystem mit nationalen Notenbanken, international tätigen Geschäftsbanken und weiteren auf diesem Sektor arbeitenden Unternehmen ist inzwischen weitgehend global miteinander vernetzt.

Einesteils bietet dies Vorteile, weil Probleme in einzelnen Regionen schnell erkannt und relativ leicht beherrscht und gelöst werden können. Andererseits greifen ernstere Schwierigkeiten nur in einem größeren Land unmittelbar auf die Finanzstrukturen in anderen Staaten über, wodurch dann die wirtschaftliche Gesamtsituation der Welt negativ beeinflusst und verändert werden kann.

Erschreckendes Beispiel war der zum Jahreswechsel 2007/2008 in den USA eingetretene Verfall der Immobilienwerte und der damit verknüpften Sicherheiten. In mehreren Ländern gerieten sogar angesehene Großbanken in ernste Schwierigkeiten und konnten nur durch staatliche und andere Unterstützungen gerettet werden. Auch dies zeigt die Labilität des Systems, wobei die Auswirkungen noch kaum abzusehen sind.

Das Verhältnis und die Wechselwirkungen zwischen politischen und wirtschaftlichen Kräften geraten in zunehmendem Ausmaß in ein neues Stadium. Politische Instanzen haben häufig nur noch begrenzte Möglichkeiten zur Beeinflussung von Vorgängen, deren Auswirkungen bereits als wichtig und negativ erkannt sind – ein weiteres labiles Element.

Interessantes Beispiel ist die starke Anhebung der Energiepreise durch die monopolähnlichen Versorgungsunternehmen bei gleichzeitig kräftigem Anstieg der Gewinne.

Besonders in den weiter entwickelten Staaten ist das Rechtssystem sehr unübersichtlich geworden. Es gibt viele örtliche und regionale Behörden sowie andere Organe bis hin zu den gesetzgebenden Körperschaften, die Vorschriften und Gesetze zu den unterschiedlichsten Problemkreisen erlassen. Überlagert wird dies noch von den Aktivitäten staatlicher Zusammenschlüsse wie der EU und anderen internationalen Institutionen.

Im Bestreben, möglichst alles vollständig zu regeln, werden laufend Ergänzungen nachgeschoben und dabei häufig auch rechtsfremde Elemente berücksichtigt. Dies hat die Bürokratisierung stark ausgeweitet und in vielen Bereichen dazu geführt, dass die Inhalte und Zusammenhänge von Gesetzen und Verordnungen immer schlechter durchschaubar sind.

Bedenklich ist, dass häufig Überschneidungen und Widersprüche zwischen gleichwertigen oder übergeordneten Bestimmungen bestehen. Gerichtliche Entscheidungen werden erheblich erschwert und benötigen mehr Zeit. Wenn die innerstaatlichen Rechtsprüfungen durchgeführt sind, werden zunehmend Organe der EU oder UNO eingeschaltet. Dies verlängert noch weiter die Zeit bis zum Abschluss eines Verfahrens.

Durch die langen Rechtswege fallen für viele Betroffene dringend benötigte Entscheidungen zu spät. Die Rechtsprechung bemüht sich, möglichst viele einschlägige Bestimmungen zu berücksichtigen. Die Frage, ob ein Urteil gerecht ist, wird sehr häufig nicht mehr gestellt. Das derzeitige Rechtssystem ist als labiler Faktor einzustufen.

Grundsätzlich gilt, dass labile Zustände immer nur begrenzte Zeit bestehen. Die jetzige Gesamtsituation unterscheidet sich von früheren dadurch, dass die vielen Labilitäten durch die Globalisierung international miteinander verwoben sind. Dies führt zu gegenseitiger Beeinflussung und löst leicht weltweite Krisen aus oder verstärkt sie. Dabei können auch scheinbar stabile Systeme durch „kleine" Ursachen sehr schnell zusammenbrechen.

In einem anderen Bereich ist die Globalisierung ebenfalls besonders deutlich spürbar. Zahlreiche Unternehmen stellen Güter her, die das Leben der Menschen leichter, angenehmer, interessanter und „schöner" machen sollen. Dazu gehören verschiedenartigste Produkte von sehr einfachen bis zu äußerst komplizierten.

Zur Verdeutlichung sind nachstehend einige Beispiele genannt:

— Bekleidungen für Mensch und Tier,
— Verpackungen aus Papier, Kunststoff, Holz und Metall,
— Maschinen für die Herstellung unterschiedlicher Erzeugnisse,
— Fahrräder, Autos, Schiffe, Flugzeuge, Raumstationen,
— Handbetriebene Rechner, Computer, elektronische Steuerungen,
— Landwirtschaftliche Maschinen,
— Baulichkeiten der unterschiedlichsten Art,
— Medizinische Gerätschaften,
— Düngemittel und Gifte,
— Militärische Einrichtungen und Waffensysteme.

Diese Auflistung könnte noch sehr weit fortgesetzt werden.

Alle diese Dinge haben eine gemeinsame Eigenschaft:

Sie werden älter, irgendwann unansehnlich und „unbrauchbar". Nach kurzer oder längerer Zeit wird nahezu alles zu Abfall, der entsorgt werden soll und muss. Für vieles gibt es inzwischen Einrichtungen, die manche Müllarten in natürliche oder industrielle Fertigungsabläufe zurückführen. Aber auch dabei gibt es fast immer Reste, die zurückbleiben.

Große Müllmengen werden verbrannt. Die dabei entstehenden Gase dringen meist in die Atmosphäre ein und verstärken dadurch den Klimawandel. Außerdem bleiben teilweise hochgiftige Rückstände, die gelagert werden müssen.

Für diverse Abfälle gibt es keine brauchbaren Möglichkeiten zur Entsorgung ohne Umweltbeeinträchtigung. Hierfür ist inzwischen eine Art „Mülltourismus" entstanden, um den Müll in andere Länder abzuschieben.

Für dieses Thema gibt es bisher keine umfassende und zufriedenstellende Lösung – ein labiler Faktor von weltweiter Bedeutung.

11. Ist menschliches Leben auf anderen Himmelskörpern möglich?

Häufiger wurde diskutiert, dass die Erde für eine immer weiter wachsende Bevölkerung keine ausreichenden Lebensmöglichkeiten bieten kann. Insoweit liegt der Gedanke nahe, nach anderen Regionen zu suchen, wo eine Besiedlung durch Menschen möglich ist.

In den letzten Jahrzehnten wurden zahlreiche Filme gedreht, in denen Menschen zu entfernten Himmelskörpern vordringen und dort ganz unterschiedliche Aktivitäten entfalten. Dies hat bei vielen zu der Vorstellung geführt, dass die Verwirklichung nur noch eine Frage der Zeit ist.

Inzwischen wurde ein ungeheurer geistiger und wirtschaftlicher Aufwand zur weiteren Erforschung des Weltalls eingesetzt. Dadurch gerieten Überlegungen völlig in den Hintergrund, was in dieser Richtung im Hinblick auf mögliche Ergebnisse sinnvoll und unter Berücksichtigung ausgelöster Risiken und Nachteile vertretbar ist.

Ein alter Traum der Menschheit ist, den festen Erdboden zu verlassen und in den darüber befindlichen Raum vorzudringen. Erste Schritte gelangen mit Ballonen, Luftschiffen und Flugzeugen. Zunächst wurden nur „geringe" Höhen erreicht, die der menschliche Körper aushalten konnte. Mit weiter entwickelten Flugzeugen wurde in Höhen über 10 km vorgestoßen, in denen der menschliche Organismus bei vermindertem Luftdruck und niedrigen Temperaturen ohne Schutzeinrichtungen nicht mehr lebensfähig ist.

Dieses Problem konnte noch mit vertretbarem Aufwand gelöst werden. Für den Aufenthaltsbereich von Besatzung und Passagieren wurden geschlossene Kabinen gebaut und darin künstlich mit der auf der Erdoberfläche verfügbaren Atemluft ein für Menschen erträglicher Druck- und Temperaturbereich geschaffen und aufrecht erhalten. Außerdem hielten sich Menschen dort nur zeitlich begrenzt auf.

Als Basis für Start und Landung dienen Flughäfen. Insoweit war immer eine Abhängigkeit und Verbindung zur Erdoberfläche möglich und auch notwendig.

In den letzten Jahrzehnten gelang es durch enorme geistige, technische und finanzielle Anstrengungen einzelnen Menschen, mit „Raumschiffen" und „Raumstationen" in größere Höhen und Gebiete außerhalb der irdischen Lufthülle vorzudringen.

Da der menschliche Körper bei einem Aufenthalt in diesem Bereich normalerweise nicht lebensfähig ist, sind umfangreiche Schutz- und Versorgungseinrichtungen erforderlich.

Die zum Atmen benötigte Luft muss dauernd in geeigneter Zusammensetzung im erträglichen Druckbereich zur Verfügung stehen. Bei der Atmung wird Sauerstoff verbraucht und dabei für Menschen schädliche Kohlenoxide erzeugt sowie andere Schadstoffe freigesetzt. Die Luft muss also ständig regeneriert werden. Die Versorgung mit Nahrung und Trinken sowie Beseitigung der ausgeschiedenen Verdauungsprodukte nur für eine begrenzte Zeit erfordern erheblichen Aufwand.

Diese Problematik lässt sich durch zeitweiligen Kontakt mit Bodenstationen noch relativ „einfach" lösen, schränkt jedoch den Aktionsradius für mittel- und langfristig unabhängig von der Erde operierende bemannte Raumschiffe sehr stark ein.

Ungeklärt ist bisher die Auswirkung länger andauernder Schwerelosigkeit auf Psyche und Körperfunktionen der Besatzung.

Den Energiebedarf des Raumschiffes können Solarzellen decken, solange der Abstand von der Sonne nicht „zu groß" oder eine entsprechend starke Strahlung von einer anderen Lichtquelle verfügbar ist. Dann können die Atemluft regeneriert und der für menschliches Leben notwendige Sauerstoffgehalt bewahrt sowie auch andere erforderliche Systeme betrieben werden.

In unserer „näheren Umgebung" befinden sich zwei Himmelskörper, die bei einer ersten Betrachtung für das Leben von Menschen geeignet scheinen: Mond und Mars.

Nur einige der wichtigen Bedingungen, die für ein unabhängiges menschliches Leben erfüllt sein müssen, sind in vorherigen Abschnitten aufgeführt.

Auf Mond und Mars gibt es Sonnenlicht und eine erträgliche Anziehungskraft/Schwerkraft. Zahlreiche weitere Voraussetzungen für ein von der Erde unabhängiges Leben fehlen jedoch.

Offensichtlicher Mangelpunkt: Eine Lufthülle in benötigter Zusammensetzung für eine Verknüpfung von pflanzlichem und tierischem Leben mit dem unentbehrlichen Wasser im erforderlichen Druckbereich ist nicht vorhanden.

Menschen können mit Raumschiffen auf diese beiden Himmelskörper gebracht werden. Sie müssen jedoch mit ähnlichen Schutzeinrichtungen ausgerüstet werden, wie sie von der Mannschaft und den außerhalb der Raumschiffe Arbeitenden bekannt sind. Selbstständiges und unabhängiges Leben ist aber ohne ständige Unterstützung von der Erde nicht möglich.

Theoretische Überlegungen, Mars oder Mond mit dem für das Leben Fehlenden künstlich auszustatten, führen rasch zu Zweifeln, ob dies der Menschheit überhaupt gelingen kann.

Jedenfalls wäre hierfür ein schwer abschätzbarer gewaltiger geistiger, finanzieller und politischer Einsatz erforderlich, der durch das erzielbare Ergebnis wirtschaftlich nicht annähernd zu rechtfertigen ist. Mit einem derartigen Aufwand könnten auf der Erde selbst ungleich mehr und bessere Lebensmöglichkeiten für Menschen erhalten und geschaffen werden.

Dieser Zusammenhang ist anscheinend inzwischen erkannt, denn Überlegungen zur Ansiedlung von Menschen auf Mars oder Mond werden nicht mehr ernsthaft verfolgt. Die übrigen Planeten unseres Sonnensystems bieten deutlich schlechtere Voraussetzungen für menschliches Leben und kommen deshalb für eine Besiedlung noch weniger in Betracht.

Schon seit Jahrtausenden haben Menschen sich mittels ihrer optischen Wahrnehmungen mit dem Weltall und zunächst besonders mit unserem Sonnensystem beschäftigt. Durch den Einsatz neuartiger und weiter entwickelter Geräte konnten die Erkenntnisse in mehrfacher Hinsicht sehr stark erweitert werden.

Dies hat erste Hinweise geliefert, dass auch andere leuchtende Gestirne Planeten besitzen. Untersucht wird, ob aus diesem Kreis einige möglicherweise von Menschen besiedelt werden könnten.

Zur Zeit wird mit sehr großem Aufwand versucht, mit lebenden Menschen in den Weltraum vorzudringen. Dabei spielen neben politischen und militärischen auch wirtschaftliche Gesichtspunkte eine große Rolle, weil für diesen Aufgabenbereich ziemlich problemlos sehr beachtliche Finanzmittel bereitgestellt werden, die vielen großen und kleinen Unternehmen Beschäftigung und Gewinne bescheren.

Dadurch konnten Raumschiffe und Raumstationen entwickelt, eingesetzt und verbesserte Messungen ohne störende Einflüsse der irdischen Lufthülle durchgeführt werden, was die Kenntnisse über Inhalt und Geschehnisse im Weltall nochmals beträchtlich erweitert hat.

In früheren Zeiten sind Menschen schon häufiger aufgebrochen, um auf der Erde außerhalb des bekannten Gebietes neue Lebensmöglichkeiten zu finden. Dazu gehörte oft ein erheblicher Wagemut, weil nicht bekannt war, ob ein neuer Ort überhaupt zu erreichen oder was dort zu finden ist. Bekanntes Beispiel ist die Entdeckung „Amerikas" durch die spanische Suchflotte unter Kolumbus.

Bei derartigen Vorstößen war meist unbekannt, wie weit das Ziel entfernt ist und ob die Ausrüstung ausreicht, um lebend dort anzukommen. Die Suche nach einem neuen für menschliches Leben geeigneten Himmelskörper ist in einer Hinsicht sogar „einfacher" geworden.

Seit Jahrtausenden haben Menschen den Weltraum optisch erforscht. In den letzten Jahrhunderten konnten durch weiter entwickelte Geräte der erfasste Bereich enorm ausgedehnt und viele zusätzliche Erkenntnisse über das Sein und Geschehen im Weltall gewonnen werden. Von Bedeutung für die Fragestellung dieses Abschnittes sind vor allem die Entfernung von der Erde und die Eigenschaften der verschiedenen Himmelskörper.

Für eine Besiedlung durch Menschen sind nur die geeignet, welche zumindest ähnliche Umweltbedingungen wie die Erde bieten, damit eine Anpassung an die menschlichen Bedürfnisse möglich und der Aufwand nicht zu gewaltig ist. Dadurch kommen als brauchbare „Kandidaten" vorzugsweise Planeten anderer Sterne/Sonnen in Betracht.

Wir haben trotz des indirekten Nachweises der Existenz von Planeten bei anderen Sternen bisher keine Informationen, ob oder welche für menschliches Leben geeignete Planeten besitzen.

Deshalb wird zunächst untersucht, ob beispielsweise auf Planeten des uns nächstgelegenen Sterns eine Besiedlung durch Menschen überhaupt möglich wäre.

Die Entfernung von der Erde bis zum nächsten leuchtenden Stern beträgt ca. 4,4 Lichtjahre. Die Umrechnung in den üblichen irdischen Maßstab Kilometer ergibt:

4,4 Jahre × 365 Tage × 24 h/Tag × 60 Minuten/Stunde × 60 Sekunden/Minute × Lichtgeschwindigkeit 300.000 km/Sekunde

Damit ist die Entfernung dieses Sterns von unserer Erde ca. 42.000.000.000.000 km (42 Billionen km).

Die Ergebnisse wurden für die grobe Schätzung wegen der Bedeutungslosigkeit weiterer Stellen auf die ersten beiden Ziffern gerundet.

Bereits der nächstgelegene leuchtende Stern ist demnach für menschliche Maßstäbe so „unendlich" weit entfernt, dass es nicht mehr recht vorstellbar ist.

Die Reise von der Erde zu diesem Fixstern würde sich bei einer angenommenen Geschwindigkeit von 1.000.000 km/h ergeben

= 42.000.000.000.000 km : 1.000.000 km/h = 42 Milliarden Stunden.

Das Raumschiff würde den nächsten Stern also erst nach

$42.000.000 : 8.760$ h/Jahr $= \underline{4.800 \text{ Jahren}}$ erreichen.

Selbst bei dieser recht optimistisch angesetzten mittleren Reisegeschwindigkeit von 1 Million km/h ergibt sich diese Reisezeit von 4.800 Jahren – angesichts des zurzeit maximal erreichbaren menschlichen Lebensalters von ca. 120 Jahren ein immenser Zeitraum. Bis zu anderen Fixsternen mit möglicherweise geeigneten Planeten würde noch mehr Zeit benötigt.

Die vorstehende Betrachtung zeigt zweifelsfrei, dass selbst unter Annahme kaum vorstellbarer Entwicklungsschritte keine Möglichkeit besteht, andere Himmelskörper für eine Besiedlung zu nutzen. Insofern ist es nicht notwendig, die zahlreichen sonstigen in diesem Zusammenhang zu erwartenden Probleme noch näher zu untersuchen. In diesem Bereich stößt die Menschheit eindeutig an ihre Grenzen.

Gegenwärtig werden mit erheblichem geistigen und finanziellen Aufwand Raumschiffe und Raumstationen mit oder ohne Besatzung weiter entwickelt und betrieben.

Bemannte Raumschiffe sind bisher völlig auf Unterstützung und zumindest zeitweiligen Kontakt mit der Erde angewiesen. Verglichen mit den wahrhaft riesigen Entfernungen im Weltall ist dies eine Beschränkung des Aktionsbereiches auf die „unmittelbare" Erdnähe mit einem „minimalen" Abstand von der Erdoberfläche.

Schon eine Vergrößerung des Einsatzbereiches auf unser Sonnensystem erfordert grundsätzliche und sehr aufwendige Weiterentwicklungen der Einrichtungen zur Versorgung der Besatzung.

Für die vorliegende Untersuchung interessante Vorgänge ergaben sich im Zusammenhang mit notwendigen Reparaturen beim Betrieb der Raumstationen. Die Vorrichtung zum Aufspannen des Sonnensegels musste ausgebessert werden. Derartige Arbeiten wären auf der Erdoberfläche sehr einfach durchzuführen und erforderten nur einen minimalen Aufwand.

Das wäre einer Erwähnung im Fernsehen und anderen Medien sicher nicht wert gewesen.

Auch der Mensch selbst ist mit seinen Eigenschaften und Möglichkeiten für eine interstellare Raumfahrt außerhalb unseres Sonnensystems ungeeignet.

Wir können in das Universum hineinblicken – staunen und bewundern –, ein echter Lebensraum ist es für uns Menschen nicht.

Inzwischen setzt sich die Erkenntnis immer weiter durch, dass die Substanz unserer Erde begrenzt und teilweise bereits zu stark beansprucht ist. Dies verbietet an sich Aktivitäten, ihre Ressourcen zu nutzen, wenn damit für die Menschheit keine wichtigen Ergebnisse erzielt werden.

Dies geschieht durch den sehr großen Aufwand für die Entwicklung der Raumfahrt und den Betrieb der Raumstationen, wobei zusätzlich die bereits eingetretene Klimaänderung weiter verschärft wird.

Durch die umfassenden geistigen Leistungen und den ungewöhnlich hohen finanziellen Einsatz ist zweifellos auf dem Gebiet der Raumfahrt eine außergewöhnliche technische Spitzenleistung gelungen.

Andererseits ist es notwendig, den Begriff „Raumfahrt" jetzt auch sachgerecht einzuordnen. In weiten Kreisen der Bevölkerung ist damit die Vorstellung verbunden, dass es jetzt gelungen sei, in den „Weltraum" einzudringen.

Eine derartige Betrachtungsweise verkennt völlig die Relationen. Alle sogenannten „Raumfahrtaktivitäten" der Menschheit betreffen – verglichen mit den bisher bekannten Abmessungen des Weltraums – nur die unmittelbarste Umgebung des Planeten Erde. „Weltraumfahrt" ist das jedenfalls nicht und kann es auch nicht sein.

Hierzu ein kleiner Vergleich: Eine Ameise steht am Fuße des Mount Everest, hebt ein Bein und beweist sich damit die Qualifikation für die Besteigung des genannten Gipfels.

Im Zusammenhang mit der Raumfahrt hat es interessante Forschungsergebnisse gegeben, die jedoch für das Fortbestehen der Menschheit nur geringe Bedeutung haben.

Naturgemäß ist nicht absehbar, ob und welche wichtigen wissenschaftlichen Erkenntnisse zukünftig auf diesem Gebiet gewonnen werden können.

Angesichts der schwierigen Situation auf der Erde wäre es deshalb sehr wünschenswert, wenn zumindest ein Teil dieser enormen geistigen und finanziellen Kapazität für die Bewältigung vordringlicher irdischer Probleme eingesetzt werden könnte.

Es ist allerdings zu befürchten, dass eine solche Neuorientierung nicht möglich ist, weil bevorzugt zu viele kommerzielle und politische Zielsetzungen verfolgt werden sollen.

12. Zusammenfassung der Ergebnisse und Chancen

Zunächst zur Vergangenheit:

Die bis jetzt bei der Verbrennung der Energierohstoffe Kohle, Erdöl und Erdgas erzeugten thermischen Schadgase reichen bereits aus, um eine starke Klimaänderung herbeizuführen.

Gegenwärtig wird der Temperaturanstieg vorübergehend noch dadurch gebremst, dass zum Auftauen der restlichen Gebirgsgletscher, Packeismengen und Schneemassen Wärmeenergie verbraucht wird. Je mehr Flächen eisfrei werden, desto schneller und höher steigen die Temperaturen im gesamten irdischen Lebensraum an – eine außerordentlich bedrohliche Entwicklung.

Gegenwärtig werden weiterhin in großem Umfang Kohle, Erdöl sowie Erdgas abgebaut und bei der Verbrennung klimaschädliche Schadgase freigesetzt. Dies verstärkt den Klimawandel immer dramatischer.

Die gewonnene Nutzenergie wird für viele Vorgänge in den zur Zeit bestehenden Wirtschaftssystemen dringend benötigt. Wichtige Verbrauchsbereiche: Stromerzeugung, Verkehr, Industrie und Erzeugung von Nahrungsmitteln. Die Verbrennung der Energierohstoffe wird deshalb in großem Umfang fortgesetzt.

Inzwischen erkennen immer mehr Menschen, dass hiermit eine gewaltige Bedrohung entstanden ist, und versuchen, durch persönliche Schritte Energie einzusparen. Dies kann das Gesamtproblem nicht lösen und außerdem – leider – nur unwesentlich beeinflussen.

Immerhin sind international politisch einige Ansätze zur

Energieeinsparung zu erkennen. Die Realisierung braucht jedoch angesichts der fortgeschrittenen Problematik zu lange und greift auch nicht intensiv genug ein.

Einige Ideen für technische Lösungen der Klimaproblematik sind angedacht, bedürfen mit Sicherheit gründlicher Prüfungen und haben angesichts der heutigen Situation eine zu lange Entwicklungszeit.

Die weitergehende Verbrennung der Rohstoffe wird „zwangsläufig" in den nächsten Jahrzehnten für alles Leben auf unserer Erde schnell eine schlimme

KLIMAKATASTROPHE

herbeiführen.

Das Klima wirkt auf alles pflanzliche und tierische Leben sowie auf übrige Abläufe. Damit entsteht insgesamt eine „neue" Umwelt mit anderen Bedingungen. Natürliche Weiterentwicklung der Pflanzen- und Tierwelt findet aus Zeitmangel nicht statt.

Die Pflanzen müssen im Rahmen ihrer gegeben Möglichkeiten mit den neuen Umweltbedingungen zurechtkommen und sich dabei vermehren. Viele Arten werden das nicht schaffen und deshalb von der Erde verschwinden.

Für Tiere gelten ähnliche Zusammenhänge. Sie haben allerdings einige zusätzliche Möglichkeiten – können sich fortbewegen, nutzen ererbte Instinkte und auch von den Vorfahren übermittelte Verhaltensmuster. Der Wert dieser Kenntnisse ist dadurch eingeschränkt, dass sie unter anderen Umweltbedingungen entstanden sind, deshalb teilweise nicht mehr passen und unbrauchbar sind. Tiere müssen trotzdem im neuen Rahmen ihr Leben meistern. Viele Arten werden dies nicht schaffen und deshalb aussterben.

Tiere sind nicht in der Lage, selbst wesentliche Veränderungen der Umweltbedingungen vorzunehmen.

Menschen unterliegen in vielen Bereichen vergleichbaren Gesetzmäßigkeiten wie Pflanzen und Tiere, haben jedoch darüber hinaus Fähigkeiten, um auch entscheidende Umweltbedingungen zu verändern. Dadurch ist ihnen das irdische Lebenssystem ausgeliefert und anvertraut.

Über Jahrtausende wurden Erfahrungen und Erkenntnisse vieler Einzelner zusammengetragen und bewahrt. Besonders in den letzten Jahrhunderten sind die Methoden zur Erfassung und Auswertung erheblich verbessert und erweitert worden, sodass heute auf ein umfangreiches Wissen zugegriffen werden kann.

Parallel haben sich die von Menschen verfolgten Zielsetzungen grundsätzlich geändert. Neben der Erhaltung und Sicherung des Daseins werden neue „Lebensqualitäten" angestrebt und häufig Maßnahmen überwiegend oder teilweise sogar ausschließlich nach menschlichen Wünschen ausgerichtet. Dabei wurde oft auf wesentliche Inhalte und Abläufe des Geschehens im irdischen Lebensraum keine Rücksicht genommen.

Beängstigendes Beispiel ist die Zuspitzung der Klimaproblematik, die eindeutig durch menschliche Aktivitäten verursacht und jetzt für die gesamte Menschheit immer gefährlicher wird. Außerdem sind zahlreiche schwerwiegende Labilitäten entstanden, die denkbare Lösungen behindern oder sogar unmöglich machen.

Die unmittelbaren Auswirkungen des Klimawandels werden nochmals kurz zusammengefasst:

1. Merklicher Anstieg der Temperaturen in der Lufthülle, dem Erdboden, den Ozeanen und anderen Gewässern.

2. Heftige Luftbewegungen, Stürme und Orkane in bisher nicht gekannter Häufigkeit und Intensität.
3. Örtlich begrenzte wie auch flächig ausgedehnte Niederschläge mit sehr großen Mengen Wasser, Hagel und Schnee.
4. Anstieg des Wasserspiegels von Meeren und Ozeanen. In Verbindung mit Punkt 2 verstärkte Gefahr für Küstengebiete.
5. In Abhängigkeit von den geologischen Gegebenheiten teilweise sehr kräftige Zunahme von Pegelständen der Binnengewässer.
6. Gewaltige Erd– und Seebeben in immer kürzeren zeitlichen Abständen mit wachsenden Auswirkungen

Zu befürchten ist, dass weiter zunehmend Naturkatastrophen zahlreiche Opfer fordern und erhebliche Schäden anrichten.

Die Menschheit verfügt über ein enormes Wissen und weit entwickelte politische, wirtschaftliche und technische Strukturen, die zur Durchführung von Gegenmaßnahmen eingesetzt werden könnten. Dadurch bestehen Aussichten, dass zumindest die „UNMITTELBAREN" Auswirkungen des Klimawandels auf die Menschen eingeschränkt und teilweise beherrscht werden.

Wesentlich gefährlicher und bisher nur wenig erforscht sind die „MITTELBAREN" Folgen der Klimakatastrophe.

Durch den verstärkten Klimawandel haben sich das irdische Leben insgesamt und damit auch unsere Umwelt wesentlich verändert. Diese Entwicklung wird sich beschleunigt fortsetzen – wobei zu befürchten ist, dass in absehbarer Zeit das für menschliches Leben erforderliche biologische und ökologische Umfeld vernichtet wird.

Deshalb ist äußerst dringend zu untersuchen, ob und wodurch aus diesem Bereich weiter Gefahren drohen, welche Gegenmaßnahmen notwendig sind und was überhaupt möglich ist.

Diese Zusammenhänge sind entscheidend – WIE, WO oder OB überhaupt

IN ZUKUNFT MENSCHEN LEBEN KÖNNEN.

Die Gesamtbetrachtung des bisherigen Ablaufes und der eingeleiteten sowie geplanten Maßnahmen liefert für das zukünftige Schicksal der gesamten Menschheit ein extrem

„DÜSTERES" BILD.

Ihrer natürlichen Veranlagung entsprechend schöpfen viele Menschen selbst in aussichtslosen Situationen Hoffnung.

Auf unserer Erde lebt eine zahlreichere Menschheit als je zuvor. Jeder Mensch ist ein einzigartiges, wunderbares und wertvolles Wesen – kann den anderen erleben und lieben, Tiere und Pflanzen staunend bewundern, hat persönliche Eigenschaften, religiöse Vorstellungen, Glauben, Gefühle, geistiges Leben und weit über die unmittelbaren eigenen Interessen hinausreichende Wertbegriffe. Durch Kommunikation mit anderen und die Nutzung des in langer Zeit von vielen erkannten, zusammengetragenen und gespeicherten Wissens können eigene Gedankengänge und Handlungen geprüft, korrigiert und erweitert werden. Jeder kann allein oder zusammen mit Einzelnen oder Gemeinschaften Ziele setzen und verfolgen.

Dadurch besitzt die Menschheit als Chance eine wahrhaft gewaltige Kapazität zur Bewältigung auch der anstehenden schwierigsten Problematik. Wenn dies jedoch gelingen soll, müssten viele bei der Lösung mitwirken und gemeinsam ein realisierbares – umfassendes und langfristiges – Konzept für die Zukunft gestalten. Dazu würden auch einschneidende Änderungen des eigenen Verhaltens unter Zurückstellung unmittelbarer persönlicher Interessen gehören.

Besonders der letzte Komplex kollidiert mit Grundprinzipien des Lebens und wird deshalb allergrößte Schwierigkeiten bereiten. Bisher ist eine Lösung nicht erkennbar. In der langen Geschichte der Menschheit gab es allerdings schon häufiger nicht vorhersehbare, neue positive Entwicklungen. Dies bleibt uns als letzte Hoffnung.